[改訂新版]

金利計算マニュアル

利回り感覚錬磨のための72章

角川総一 [著]

近代セールス社

は　し　が　き

　誤解を恐れずに言えば，金融実務とはある意味では徹頭徹尾数字との格闘であるといっていいと思います。なにしろ最終的にはあらゆることが数値として表現される世界が金融なのですから。

　言い換えてみましょう。金融とは文字通り「お金」を「融通」し合う世界を取り扱うものです。つまり金銭の貸借関係が基本にあります。そして，そこには必ずといっていいほど「元金」「利率」「期間」「元利合計（あるいは期限後利息）」という４つの要素が登場します。であれば，以上４つの要素のうち３つが明らかであって残りの１つの要素を計算できることを，金融の世界における第一歩とみなしていいと思うのです。

　にもかかわらず金融とは多くの場合，制度論，仕組み論として論じられる（あるいは記憶させられる）べきテーマだと思われてきたきらいがあります。でも，金融取引を巡る制度，仕組み，法律ができる前から自然発生的にお金の貸し借りは行われてきたのです。であれば，制度論，法律論以前のレベルに立ち戻り，金利・利息計算のあり方をひとわたりマスターしておくべきだと思います。

　そう，少なくとも実務的なレベルでは，以上の４つの要素から成る一元方程式が解けなければ具体的な業務には耐え得ないというべきでありましょう。

　金融制度，金融法制についていくら該博な知識を有していようと，複利計算の初歩がこなせないようでは現実には金融実務に就くことはできません。にもかかわらず，多くの金融マン，金融ウーマンは驚くほどこの分野に暗いことに私は慄然とさせられます。

　確かに昨今ではコンピュータの操作方法だけ（！）をマスターすれば，多くの金利・利息計算の基本を知らずとも，計算結果を算出することはできます。しかし，どのような理屈でその計算が行われているかを知らずして，その結果だけを利用するというのはいささか寂しいと思うのです。

たとえば次のように自問自答してみればいいでしょう。おそらく多くの方は、「金利って特に意識したことはないけれど、改めて問われればほとんど知らないで済ませていたんだな」と気付かれることと思います。
○金利は本来何によって決定されるべきものなのか。
○金利はなぜ変動するのか（景気の好・不況や外国為替相場がわが国の金利にどう影響するか）。
○各種金融商品に用いられている金利・利回りにはどのような種類があるのか。
○主たる金融商品について、金利と利息についての基本的な計算ができるか（半年複利の5年定期が年1.25%であるとすれば、100万円は5年後にいくらになるか）。
○15年後に1,200万円のお金を得るためには、これから毎年いくらずつ積み立てていけばいいか。運用利率は実質的に1.4%だとする。

　本書は、銀行、証券会社、生・損保など広い意味におけるプロとしての金融マンが、最低限クリアーしておくべきだと思われる金利に関する基本的な考え方を、やさしくまとめたものです。
　執筆に際しては、だれでもが容易に論脈を辿れるよう、いきなりx，yといった変数を用いないよう意を尽くしましたので、算数がニガ手な人にとっても、楽に論旨を把握してもらえるはずです。
　独習用のほか、行内、会社研修用のテキストとしても十分使用に堪え得るものと考えております。座右の書としてハンドブックの感覚で利用することもできるでしょう。

　なお、本書は昭和61年3月に刊行された「金利計算マニュアル」を増補改訂したものです。
　平成15年5月6日記す

　　　　　　　　　　　　　　　　　　　　　　　　　角　川　総　一

も く じ

第1部：金利を理解するための基礎知識

  1．金利はどのような機能を担っているか…………………………… 10
  2．金利は通貨価値を表す1つのメジャーである………………… 12
  3．金融政策と金利政策……………………………………………… 14
  4．金利体系の基本…………………………………………………… 16
  5．金利裁定の意味…………………………………………………… 18
  6．短期金利と長期金利……………………………………………… 20
  7．短期金利動向の読み方…………………………………………… 22
  8．長期金利動向の読み方…………………………………………… 26
  9．為替相場が金利に与える影響…………………………………… 28
 10．物価上昇が金利に与える影響…………………………………… 30
 11．景気上昇が金利に与える影響…………………………………… 32
 12．株価動向が金利に与える影響…………………………………… 34
 13．金利自由化を見る視点…………………………………………… 36

第2部：金利計算のための基礎知識

 14．利息・利回り計算を行うための数学的常識…………………… 40
 15．利回り，利子，利子率の違い…………………………………… 42
 16．利回りと割引率…………………………………………………… 44
 17．利回り表示と割引率表示の比較方法…………………………… 46
 18．手形の年割引率と年利率の相違………………………………… 48
 19．日歩，月利，年利の使い分け…………………………………… 52
 20．約定金利，実効金利，実質金利，実効利回りの別…………… 54
 21．名目金利と実質金利……………………………………………… 56

22. 最低付利単位と利回り………………………………………	58
23. 年利回りの切り上げ，切り捨て等…………………………	60
24. 片端入れ，両端入れの考え方………………………………	62
25. 単利と複利の根拠……………………………………………	64
26. 複利運用効果とは‥‥	66
27. 利回り表示における単利・複利の別………………………	68
28. 年平均利回りとは何か………………………………………	70
29. 再投資，再運用の考え方……………………………………	72
30. 固定金利と変動金利の違い…………………………………	74
31. 商品による金利の使い分け…………………………………	76
32. インカムゲインとキャピタルゲイン………………………	78
33. 拘束預金がある場合の実効金利の考え方…………………	80
34. 貯蓄商品と税制のしくみ……………………………………	82
35. 短期金利商品の分類…………………………………………	84
36. 代表的な中・長期商品………………………………………	86
37. 新金融商品の把握……………………………………………	88

第3部：貯蓄型金融商品の利回り・利息計算法

38. 定期預金の利回り計算・元利合計…………………………	92
39. 期日指定定期の計算…………………………………………	96
40. 普通預金等の利息計算法……………………………………	100
41. 複利運用型の積立式貯蓄の計算……………………………	104
42. 年金型商品の利回り計算……………………………………	110

第4部：投資型金融商品の利回り計算法

43. 債券の収益性とは……………………………………………	116
44. 債券の収益性を決める3要素………………………………	118

45. 債券の残存期間の求め方……………………………………… 120
46. 債券が「確定利付証券」である理由………………………… 122
47. 新発債と既発債の区別………………………………………… 124
48. 利付債と割引債の別…………………………………………… 126
49. 債券投資の諸形態……………………………………………… 128
50. 既発債の利回り計算…………………………………………… 130
51. 割引債の利回り計算…………………………………………… 134
52. 税引き後の利回り計算………………………………………… 138
53. 期待利子率の考え方…………………………………………… 142
54. 債券価格上昇→債券利回り低下をどう考える？…………… 144
55. 債券の価格変動性とは………………………………………… 146
56. 既発債売買時の経過利息とは………………………………… 148
57. 実効利回りをどう考える？…………………………………… 150
58. 株式の配当利回り，総合利回りはこう考える……………… 152
59. 不動産の利回り………………………………………………… 156
60. 外貨建て商品の収益変動……………………………………… 158
61. 外貨建て商品の実質利回り計算……………………………… 160
62. 外貨預金の為替先物予約とは………………………………… 162

第5部：ローンの利息計算法

63. 元金均等償還方式の計算……………………………………… 166
64. 元利均等償還方式の計算……………………………………… 170
65. カードローンの利息計算法…………………………………… 174

第6部：各種財務係数の使い方

66. 6つの財務係数………………………………………………… 180
67. 終価係数………………………………………………………… 182

68. 現価係数……………………………………………………… 184
69. 資本回収係数………………………………………………… 186
70. 年金現価係数………………………………………………… 188
71. 年金終価係数………………………………………………… 190
72. 減債基金係数………………………………………………… 192

〈参考資料〉
　●利回り算式一覧……………………………………………… 194

第1部
金利を理解するための基礎知識

1 金利はどのような機能を担っているか

金利というものは，経済・金融の世界において本来どのような機能を担っているものなのでしょうか。

 Point
　金利の上下に応じて，その金利を介してお金の貸借取引を行っている貸し手，借り手の需給バランスが変化する。つまり金利変動によってお金の流れが変わってくる。これが金利機能の基本だ。

解説

　金利とは，お金の将来価値を決定する要素だ。つまり，お金に付いている値段であるとも言える。したがって，ここでは次のような事態が起こる。

　AがBにお金を貸そうとする場合，最初は年8％で貸したいと希望したがBは6％でなければ借りたくないと主張したとしよう。これではお金の貸借は成立しない。この場合，双方が歩み寄ることでたとえば年7％で貸借が成立することになるかもしれない。

　ここで2つのケースを考えてみよう。

ケース1

　まず以上の場合においては貸し手と借り手は1対1であるが，この比率が10対1あるいは1対10である場合を考えてみよう。前者の場合は借り手市場となって限りなく6％に近い水準で落ち着くだろうし，後者の場合には8％に限りなく近い水準で取引が行われるはずだ。

　つまり，金融取引における金利は基本的には取引当事者間での需給バ

ランスによって決まることになる。言い方を変えると，お金の貸借に付される金利とは，物の売買における値段と同じ意味合いにおいて本来決定されるべきものである。

ケース2

では以上の設定において金利はあらかじめ決められており，それ以外の金利では取引ができなかった場合のことを考えてみよう。

たとえば，上の例で金利は5％で決められていたとする。この場合には，借り手が多くなり貸し手が少なくなる。貸し手のほうに潤沢な資金があれば借り手はドンドン借りていくことになる。

逆に，金利があらかじめ10％というように決まっていたとしよう。この場合には借り手がほとんど付かない。つまり借り入れ需要が起きない。より現実的に言おう。ローン金利が10％であれば銀行からの借り入れに積極的になれない個人でも，これが5％になればより積極的に借り入れようとするはずだ。つまり，金利が下がれば下がるほどローンを通じて個人にお金が流れていく。

あるいは預金金利が3％なら預金を渋るが，8％なら喜んで預金しようとする。この場合，金利が高くなるにしたがって個人から銀行へのお金の流れが太くなっていく。

以上が金利機能の基本である。つまり，〈ケース1〉の場合にはまず需給バランスがあってそれが金利水準を決定する姿を表している。一方，〈ケース2〉では金利が先にありきで，それが取引当事者間の金融取引需要をどのように変えていくかという姿を表しているのである。

乱暴に言うと，前者は自由金利の世界における金利を，後者は規制金利の世界におけるそれを意味している。そして，金利の自由化とは後者のような世界から徐々に前者のような世界に移行していくことにほかならない。

2 金利は通貨価値を表す1つのメジャーである

金利の高低と通貨価値の上下とはどのように対応しているのでしょうか。金利が高いということは，通貨の価値下落のピッチが高いと理解すればいいのでしょうか。

 Point
　金利とは，通貨価値が時間の経過とともにどのように変動するかというメジャーでもある。金利が高いということは通貨価値の目減りが大きく，低いということは目減りが少ないということだ。

解説

(1) 金利の高低と通貨価値の上下の関係

　為替相場と物価と金利の間には1つの共通項がある。それはいずれも通貨価値を測るためのメジャー（モノサシ）であるということだ。

　たとえば物価とは，物あるいはサービス（財）との交換価値において測られた通貨の価値を示すものである。そして，為替相場とは言うまでもなく他の通貨との交換価値という意味での通貨価値を表現するものだ。

　これに対して金利とは，時間の経過とともに通貨価値がどのように変化していくか，という点に着目したうえで考えられたメジャーだ。

　たとえばここに100万円があるとしよう。金利が1％の時期には10年間預金すれば，10年後の元利合計金額は110万円になる（単利計算の場合。以下同様）。これに対して，金利が10％の時期には200万円となって払い戻される。さて，以上どちらの場合が通貨価値の目減りは大きいであろうか。

　通貨価値の目減り，目増えを問題にする場合には，現金として目の前にある通貨の価値がどのように変化するか，という視点に立てばいい。

つまり，たんす預金の実質的な価値の目減り，目増えを問題にすればよい。

　1％の金利のときには，預金されたお金の増え方にくらべて一切運用されなかった現物通貨（現金）の相対的な価値は，それほど減じていない。10％程度目減りしたに過ぎない。

　これに対して，10％の金利の場合はどうか。預金していれば200万円になったわけである。これに対してたんす預金で置いておいた現金の価値は，その2分の1に減少している。つまり，金利水準が高い時期のほうが明らかに現物通貨の価値の目減りは激しかったということになる。

(2) 購買力平価の考え方

　これはちょっと違った道筋から考えることもできる。金利が高い時期には文句なく物価上昇率が高い。あるいは物価上昇率が高いということは，為替の購買力平価説からすると為替相場の下落を意味する。

　つまり『金利上昇＝物価上昇＝為替相場下落』『金利下落＝物価下落＝為替相場上昇』という図式を描くことができる。

　このうち前者のグループはいずれも通貨価値が下落している状態を示しており，後者は逆に通貨価値の上昇を示している。

　言い方を変えると，通貨の価値が物価との見合いで見た場合には上昇しているが，為替面では下落しており，金利面では上昇しているといったことは本来的にはあり得ないのである。このように考えると，購買力平価の考え方は直感的に正しいことが分かる。

購買力平価説……経済のあり方が基本的に自由であれば，国内でも海外でも，同じ商品の価格は同じ価格で取引されるはず，という考え方。そのため，たとえば，日本の物価が10％，米国の物価が5％上昇したとすると，日本の物価が相対的に5％高くなり，その結果，円の通貨価値はドルに対して5％下がると考えられる。

3 金融政策と金利政策

中央銀行が行う種々の金融政策において，金利政策とはどのような位置を占めるものなのでしょうか。

 Point

通貨価値安定のために通貨供給量をコントロールすることを狙って中央銀行が行う政策を金融政策という。なかでも金利の上げ下げによって通貨をコントロールする方策を金利政策と呼ぶ。

 解説

(1) 金融政策とは

民間企業あるいは家計部門が要求する資金を市中銀行を通じて円滑に供給するとともに，その供給量をコントロールすることを通じて通貨価値の安定を目指すために行う種々の政策を包括的に金融政策という。

日銀が行う金融政策は大別すると，①政策金利操作，②量的金融調節，③預金準備率操作──がある。これらはいずれもわが国の金利に大きな影響を与える。なかでも前2者の金利政策が及ぼす影響は大きい。

(2) 代表的な金利政策──政策金利操作

金利政策とは，金利を人為的に変動させて通貨量を調整することを通じて間接的に金融市場および産業活動を調整するものである。その代表的なものが政策金利の操作。

金融機関が互いに資金を貸し借りするときに使うコール取引金利を，日銀が高めに誘導すると，都銀などの資金の調達者にとり資金コストが上がる。この場合，これらの金融機関は法人企業や個人に対する貸出金

利等を引き上げざるをえない。

とすれば企業あるいは個人は，それ以前にくらべて金融機関から資金を借り入れることが容易ではなくなる。つまり，企業の消費，生産，販売，流通などの諸活動あるいは個人の消費活動が慎重にならざるをえないため，おのずから企業の投資，生産活動および個人の消費活動に象徴される景気が鎮静化する。むろんこの過程では，企業，個人の通貨に対する需要が減退する。

(3) その他の金融政策

以上のように直接金利水準を変更するという政策のほかにも，日本銀行は様々な手段で金融政策を行う。

たとえば金融市場のマネーを吸収することによって，特に短期金融市場で最大の取り手である都市銀行との資金繰りを悪くし，都銀による資金の調達需要を高めることがある。

この場合には，資金調達大手の都銀などはコールあるいは手形での資金調達意欲を強める。当然これはコール・手形金利の上昇を招くだけにはとどまらず，CD（譲渡性預金），預金などのオープン市場金利をも引き上げる。

あるいは，『インフレ懸念が出てきた』といったコメントを通じて，引き締めの意図を間接的に表明することもある。こうした場合には，暗に金利の引き上げを検討しているのではないかとの憶測を市場関係者に抱かせることを通じて，実際にコール・CD金利などが上がってくることが珍しくない。

なお，日銀は長期にわたる株価の低迷ならびにデフレ経済に対処するため，1999年2月以降おおむねゼロ金利政策を採用している。これは金融機関同士が短期の資金の過不足を調整するために用いているコールレートを政策的にほぼゼロにするという政策である。これは，主に国債等の買いオペで大量の資金供給を行うことによって維持されている。

4 金利体系の基本

わが国の諸々の金利には，一定の秩序に基づいた金利体系があるといわれますが，どういう意味でしょうか。

 Point

　たとえば，銀行にとっては資金調達時の金利コスト（預金金利，日銀からの借入れ金利）よりも貸出しに伴う運用利回りの方が高くなければ基本的には経営は成り立たない。一般企業にしても，銀行からの借入れ金利と債券の発行に伴う調達コストのうち，どちらかが一方的に低ければ，もっぱら低コストの手段を活用することになる。このため，双方の金利の間には一定の裁定関係が働く。

　このように，①金融取引の仲介者としての銀行が成り立ち，②類似した経済機能を持つ金利がアンバランスにならないように——諸々の金利の間には一定の秩序が形成されている。

 解 説

　図は，わが国の代表的な金利の体系図である。
　①～⑤の金利の相関関係につき簡単に説明しておこう。
①：銀行は預金あるいはコール市場から調達した資金を短期プライムレートで企業などに貸し出す。ということは，前者よりも後者の金利の方が高くなければ収益をあげることはできない。この間の金利の高低関係が，銀行の預貸業務部門における収益を基本的に規定することになる。
②：債券発行金融機関は，利付金融債の発行によって得た資金を，長期プライムレートで企業等に融資する。
③：信託銀行にとっては，貸付信託で吸収した資金を長期プライムレートで貸し出すことになる。これも①，②と同様。

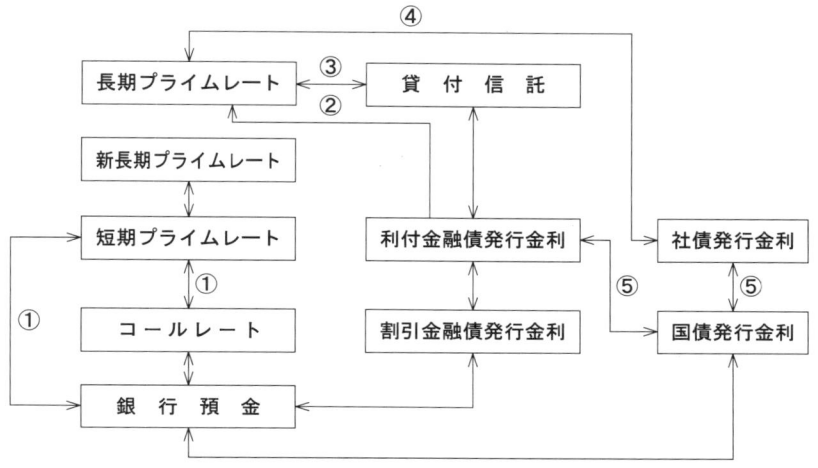

④:一般企業にとっては,長期プライムレートで銀行から借り入れるのか,社債の発行により所要資金を調達するのかについては基本的に自由である。したがって,一方の金利が他方の金利と全く異なる水準にある,という事態は生じない。

⑤:一般投資家にとって,国債を買うのか,利付金融債,社債を買うのかは全く自由である。ということは,これらの債券の発行金利(投資家からみれば"応募者利回り")に大きな差は付かない。

以上をまとめると,金利体系を支えているのは,(i)銀行には適正な利ザヤを確保することが必要,(ii)類似した商品には,大きな金利差を付けることができない,という理由によるものである。

なお,1989年1月からは政策金利であるコールレートのほか市場性金利(CD,コールなど)の平残をも加味した新短期プライムレートが採用され始めたのに続き,1991年春からはこの新短プラに一定の幅を上乗せした(1年超3年以内は0.3%,3年超は0.5%)新長期プライムレート制度が導入されている。

5 金利裁定の意味

昨今，各種金融取引において，金利裁定という用語が見受けられますが，これをどう理解すべきでしょうか。

 Point

　読んで字のごとく，金利を裁定すること。つまり，異なった金利の高低関係をうまく利用することにほかならない。より具体的には，運用面ではより金利の低い金融商品から，より高金利の商品に乗り換えることを，調達面ではより高金利の負債をより低金利の負債に換えることを意味する。
　さらに，より低金利で資金を調達し，その資金をより高金利の商品で運用して，利ザヤを得るという取引も金利裁定取引といえる。

 解説

(1) 金利裁定とは

　規制金利の世界では，各種の金利が一定の秩序に基づき決定されるため，ほぼ同種の機能を持ちながら一方の金利と他の金利の水準が大きく異なるといった事態は基本的にはあり得ない。

　ところが，自由性金利の世界では，それぞれの金利がその金融取引の当事者によって（当事者間の取引を通じて）自由に形成されている。ここでは，次のような事態が日常茶飯事のように起きている。

　たとえば，
① 期間，取引条件がほぼ同じであるにもかかわらず，一方の金利が，他の金利の水準と異なる，
② 取引条件はほぼ同様だが，一方の借入金利に比べ，他の借入金利の方が一段高である，

といった状態である。

投資採算を第一義的に考える市場参加者であれば、この金利差を利用して、より効率的な資金の運用や調達を行おうと考えるのは当然のことである。

(2) 資金運用面での金利裁定

たとえば、資金運用面で考えてみよう。

他の取引条件が類似しているにもかかわらず、Aという金融商品の利回りが0.2%であるのに対し、Bという金融商品の利回りが0.6%だったとしよう。

誰がみても、B商品のほうがA商品に比べ収益性が高い商品であることは明らかだ。

利回りを資金運用上最も重視する人にとっては、A商品ではなくB商品を選好することになる。あるいは、既存のA商品を解約して、B商品に預け換えるだろう。

これが金利裁定の最も基本的な姿である。

(3) 資金調達面での金利裁定

一方、資金調達面においても同様である。ある事業会社にとって、銀行借入れより債券の発行による方が資金コストが低ければ、債券発行の方を選ぶのは当然である。

こうした金利裁定の考えが高度化すれば、たとえばスイス市場で資金コストの低い債券を発行して、その資金で米国の高利回り債券を購入し、その間の金利ザヤを抜くというような取引が行われることがある。

なお、2003年ごろから2008年にかけて活発に行われた円キャリー取引も、低金利の円を調達してそれを米ドル経由で豪ドルやユーロ、さらには高金利のBRICs諸国で運用するという金利裁定に基づく取引であった。

6 短期金利と長期金利の別

短期金利と長期金利とは、どう区別して用いるべきなのでしょうか。

Point
　明確な定義があるわけではないが、通常、その金融取引期間が1年以下のものに適用される金利を"短期金利"、1年超のものについては"長期金利"と呼ばれる。短期プライムレート、長期プライムレートという用語法の違いも、基本的にはこのような意味合いにおいて区別されている。

解説

(1) 短期、中期、長期の区分

　取引期間1年を境にして、短期金利と長期金利は区別されるのが一般的で、これは、金利についてのみではなく、金融取引一般に関していえることである。

　短期貸し（出し）、長期貸し（出し）とか、短期金融商品、長期金融商品というような区別についても同様のことがいえる。ただ、このほか"中期"という概念が用いられることもある。

　その端的な例は、債券（公社債）にみることができる。現在、金融機関が扱っている債券のなかで中心的な位置を占めているのは国が発行する国債である。

　この国債の種類を期間別に分けると、短期国債、中期国債、長期国債の3つになる。

　短期国債は期間1年以内として発行される国債である。同様に中期国債には期間が2、5年などとして発行される中期利付国債などがある。長

期国債は期間10年で発行されるものである。

　以上は，債券が発行される時点での年限によって短期・中期・長期が分けられているものだが，流通市場においては，通常1〜2年以内の債券を短期債（その債券の利回りは短期金利），2〜3年から6年未満を中期債（中期金利），6年以上を長期債（長期金利）と呼ぶのが一般的である。

（2）短期金利と長期金利の関係

　金融情勢がよほど急激に変化しているときでもない限り，短期金利より長期金利の方が高いのが普通であり，これは，預金の世界にもあてはまる。

　基本的に，短期預金金利がより長期の預金金利に比べ低い水準にあるのは「短期預金は，流動性に富んでおり，預金を受け入れる銀行にとっても不安定な資金であるため，金利は低いのが当然」と考えられるためだ。

　お金を運用する側にとってみれば「長期の間預けておくのだから，より高い金利が保証されるべきだ」と考えるのが当然であるといえばいえる。

　預貯金の世界では，金融情勢がどのように変化しようとも，短期金利より長期金利の方が高いという姿が原則であった。たとえば3ヵ月スーパー定期が1％で，2年スーパー定期が0.5％という事態はとても考えられない。

　ところが必ずしもそうではないケースが生じることがある。急激な金融引締め期においては，短期金利が長期金利を上回ること（長短金利の逆転と呼ぶ）があるのである。

　これは，短期金利を高くして，容易に資金を借り入れられないようにという政策意図（景気の過熱を冷やすため）がある一方，高金利であっても短期間なら資金を調達したいという需要があるためだ。

7 短期金利動向の読み方

短期金利といってもいくつもの種類があります。全体的な短期金利の動向をみるためには，新聞紙上ではどのような指標に注目しておけばいいのでしょうか。また，その動きを見るポイントは何でしょうか。

Point
期間1年以下の資金の貸借（取引）が行われる市場を短期金融市場といい，ここで成立する金利を短期金利という。このうちインターバンク市場での無担保コール翌日もの金利とオープン市場で取り引きされているCD3ヵ月ものが重要な指標的存在だ。

解 説

(1) 短期金融市場

資金の貸借が行われる金融市場には取引期間が1年以下の短期金融市場と1年を超える長期金融市場がある。

このうち短期金融市場とは，主に金融機関や企業が，期間1年以下の短期の資金の運用あるいは調達を行うための市場である。

大別すると，金融機関だけが参加できるインターバンク（銀行間）市場と，企業や地方公共団体なども自由に参加できるオープン市場の2つがある。

(2) インターバンク市場（無担保コール翌日もの）

このインターバンク市場のうち，もっとも中心的な存在として機能しているのが，コール市場だ。ここでは，ほとんど常に資金が不足している都市銀行や地方銀行の上位行などが，ごく短期の資金を農林系統金融

機関や信託銀行といった，比較的資金にゆとりのある機関から借り入れている。そして，ここで適用される金利がコール金利。

ひと昔前までは，金融政策当局である日銀が，頻繁にこの市場に介入して金利を小刻みに上げ下げしていた。しかし，最近では，金融取引の自由化の中で市場の自律的な需給バランスに委ねられるようになってきた。

もっとも現在でも，たとえば，円高に多少でもブレーキをかけたいといった政策意図にもとづいて，日銀が金利を下げる方向に誘導するといった場合もある。いうまでもなく，インターバンク市場の金利を引き下げると，そこからお金が逃げ出してオープン市場の金融商品にシフトするためオープン市場の金利も下がり，これが長期金利の低下につながり，海外からの資金流入が減ることになるためだ。つまり，これが円高にブレーキをかけることになるからだ。

あるいは，景気が相当落ち込んでいることが明らかになったときなど，意識的にこのコール金利を下げることがある。

◇　　◇　　◇

下表が，日経新聞で報道される短期金融市場の諸金利のうちのコールレートの欄を示したものだ。

〈表〉日経新聞　短期金融市場

(2012年7月26日付)

コールレートは，指表にあるように，すべて「出し手」の基準で表記される。ここでいう出し手とは，資金を出す（運用する）側という意味だ。

逆に資金を調達する側を「取り手」というが，取り手のレートは，この出し手レートに0.01％（これを1ポイントという）を上乗せしたレートになる。つまり，この差がコール・手形取引を仲介する短資会社の手数料分になるわけだ。

コールは，いろいろな期間の取引が行われているが，無担保翌日ものが通常もっとも取引量が多いため，これがインターバンク市場での指標的な金利として取り上げられるのが一般的だ。

(3) オープン市場（CD 3ヵ月もの）

一方，オープン市場のうち，もっとも中心的な存在がCD 3ヵ月ものだ。CDとは譲渡性預金証書の略。つまり，満期前であっても自由に譲渡することができるという預金証書である。

下表が，日経新聞で報道される短期金融市場の諸金利のうちのCDの欄を示したものだ。

この指表に掲載されている「気配レート」は，銀行がどの程度のレートであれば売り・買いする用意があるかを示している。

〈表〉日経新聞　短期金融市場

◇CD気配（都銀・短資平均）				
〈新発〉			前日	
	売り	買い	売り	買い
2週間	0.090	0.170	0.090	0.170
1カ月	0.100	0.180	0.100	0.180
2カ月	0.110	0.250	0.110	0.250
3カ月	0.140	0.330	0.140	0.330
6カ月	0.230	0.440	0.230	0.440
◇CP気配（短資協会）				
〈現先〉			前日	
	売り	買い	売り	買い
翌日	0.086	0.110	0.086	0.110
1週間	0.086	0.123	0.086	0.123
1カ月	0.086	0.133	0.086	0.133

（2012年7月26日付）

実際に取引が行われなくても「気配」レートとして示される。つまり「実際に発行あるいは売買例がなくても〇〇％程度のレートで取引する用意がある」といった意味をもつ。

　なお，このCD金利のうちもっとも重要なのは3ヵ月もの金利。これは通常，満期までの期間が3ヵ月として発行されるCDがもっとも多いからだ。これは短期の預貯金金利，MMFなどの金融商品のほか，短期プライムレートなどの先行指標としての役割を負っている。

8 長期金利動向の読み方

長期金利の動向をみるためには，新聞紙上ではどのような指標に注目しておけばいいのでしょうか。その動きを見るポイントは何でしょうか。

 Point

債券の売買利回りは公定歩合，預金金利などの金利とはまったく異なり，時々刻々変わる市場での需給バランスによって決まる。なかでも，とくに長期国債の市場売買利回りは非常に重要なシグナルだ。このため，現在金利がどの方向で動いているのかを見るに際しては，もっとも先行的な動きを示す指標としてチェックする必要がある。とくに，期間が3年以上の長期金融商品の利回りの先行きを見るに際しては，もっとも参考とするべき利回り指標だ。

 解説

期間5年の貸付信託，ビッグ，期間3年以上のスーパー定期といった金融商品だけではなく，住宅金融公庫の基準貸出金利などのローン金利などが変わる場合には，まず例外なくこれに先んじて，長期国債の市場での売買利回りが変動する。

これを報じているのが表1だ。これは，直近に発行される新発債が，証券会社，銀行等の間でどのような価格および利回りで売買されたかを示すものだ。

では，国債以外の債券の利回りはどのようにして知ることができるのか。

これに応えているのが日本証券業協会が発表している公社債店頭売買参考統計値だ（表2）。

これは現在，日本証券業協会が6,000程度の各銘柄について，個別銘柄ごとの気配価格（および利回り）を証券会社ならびに大手金融機関か

〈表1〉日経新聞　債券市場

債券市場	（26日）

◇新発10年国債（店頭売買参考統計値）

	利回り（終値）	前日比
324回債	0.730%	+0.010

（日本証券業協会発表、業者平均、単利）

◇日経公社債インデックス

短　期　債	0.51
中　期　債	0.49
長　期　債	1.11

◇日経国債インデックス　　0.382

（2012年7月26日付）

らの報告を受けて，それを基準に表を作成している。そして，その一部が抽出されたうえで，日経新聞に掲載される。

「気配」とよばれるのは，証券会社，大手金融機関などにとって，「この程度の利回り（あるいは価格）であれば買う用意がある。あるいは売る用意がある」というメドになる利回りであるからである。

〈表2〉日経新聞　公社債店頭売買参考統計値

◇公社債店頭売買参考統計値
（27日分、日本証券業協会、円。国庫短期証券の利回りは単利、その他は複利）

銘　柄	償還年月	利率(%)	平均値	平均値利回り(%)
国　債				
国庫短期証券292	12/10	—	99.97	0.100
国庫短期証券293	13/1	—	99.95	0.100
国庫短期証券289	13/6	—	99.90	0.100
中　国318(2)	14/7	0.1	100.00	0.100
中　国88(5)	15/3	0.5	101.05	0.103
中　国96(5)	16/3	0.5	101.45	0.101
中　国105(5)	17/6	0.2	100.12	0.175
長　国292	18/3	1.7	108.16	0.244
長　国300	19/3	1.5	107.64	0.337
長　国307	20/3	1.3	106.40	0.447
長　国314	21/3	1.1	104.34	0.584
長　国323	22/6	0.9	101.56	0.736
超長国137	32/6	1.7	102.51	1.552
超長国(30)36	42/3	2.0	104.67	1.796
超長国(40)5	52/3	2.0	100.33	1.987
変利国48(15)	23/5	＊	106.30	—

（2012年7月26日付）

9 為替相場が金利に与える影響

わが国の金利は一般に，円・ドル相場の変動によってどのような影響を受けると考えられるのでしょうか。

Point
　これから為替相場が高くなると見込まれる通貨の金融商品（たとえば債券）には買いが増加するため，その金融商品の金利は低下すると読むのが原則である。

解説

●円高が予想される場合，金利は低下する

　為替相場の動き（あるいはその動きに対する予想）は，金利動向に対して非常に重要な影響を及ぼす。たとえば現在円高・ドル安が進行中であり，今後さらに円高・ドル安が進むことが予想されるとする。こうした状況のもとでは，以下のような動きが活発になるはずだ。

①これまで米国でドル建て金融商品で運用してきた我が国の投資家は，このドル資産を売って円に換え，この円で国内の金融商品を購入する意欲を強める。

②米国の投資家も，手持ちのドル資産を円に換えて，円建ての金融商品で運用する傾向を強める。

　以上はいずれも同じことを意味している。つまり，運用対象通貨の種類を問わない国際的なレベルでの資産運用の大原則は「運用期間中にその通貨の価値が高くなるような通貨で運用することがもっとも収益性が高くなる」ということだ。ではこのような一連の動きは，わが国の金利にどのような影響を及ぼすと考えればいいか。

円高が予想される場合には，わが国の円建ての金融商品（金利商品）に対する購入需要が高まるわけだから，これらの商品の金利は低下することになる。これは債券の場合を想定してみると分かりやすい。

　一方米国の側からみると，米国の金利商品への需要が停滞するわけだから，米国の金利は上昇傾向をたどる。以上を要約すると『今後為替相場が上昇すると見込まれる通貨の金利は低下，逆に相場が下落すると見られる通貨の金利は上昇する』ことになる。

　では，資金を調達する場合には，円高はどのような意味を持つか。お金を運用する場合とはまったく正反対で，『調達してからそれを返却するまでの間，その通貨の為替相場が弱くなっていればいるほど，実質的な資金調達コストは低くなる』わけだから，日本円での資金調達が減り，たとえば米ドルでの調達が増える。円資金の借り手が少なくなるため円金利は低下し，これとは逆に米国の金利は上昇するというわけだ。運用面からみた場合の金利に及ぼす影響とまったく同じだ。

　ただし，以上のメカニズムが働くためには『為替相場が高くなった』⇒『だからこれからも高くなるだろう』いう予想につながらなくてはならない。その意味では，『為替相場の変動が金利に影響する』のではなく，『今後の為替相場の変動予想が金利に影響する』というべきであろう。

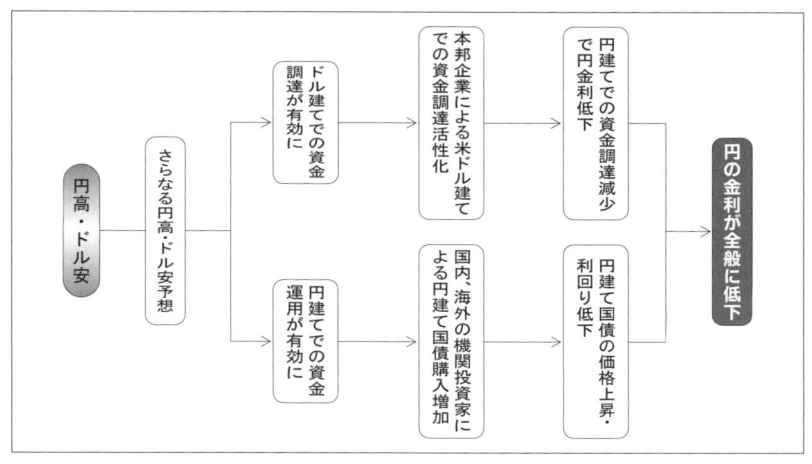

第1部：金利を理解するための基礎知識

10 物価が金利に与える影響

物価上昇率（インフレ率）は，預金や国債の金利に対してどのような影響力を持つと考えればいいのでしょうか。

Point
物価上昇率が急である場合には，換物需要（消費需要）の高まりを背景に資金需要が高まるため，金利が上昇する。ここでいう資金需要の高まりは，①借入れ需要が高まる，②金利商品の売却増大，③貯蓄意欲の減退——といった現象として表われる。

解 説

●物価上昇は金利上昇を促進する

　マネー経済を読む場合に，決して見過ごすことのできないデータの1つが物価である。モノ一般の値上がりが急激になってきたとしよう。つまりインフレだ。この場合，他の条件がそれ以前と変わらなければ個人，法人の別を問わず「早目にモノ，サービスを購入しておこう」という傾向が促される。こうしたインフレの原因としては，大別すると需要超過によるディマンドプルインフレ，通貨安によって輸入品価格が上がる輸入インフレ，原材料価格や賃料が上がることに起因するコストプッシュインフレのほか，制度的な面からは消費税率の引き上げによる製品価格の上昇なども含まれる。

　ともあれ，こうした物価の急激な上昇のもとでは，モノを早目に購入しておこうという意欲が強くなる。あるいは企業では早めに機械を購入するなどの設備投資を急ぐ傾向が出てくる。このため，次のような現象が起こるのが一般的である。これは個人，法人の別を問わない。
①銀行への借入れ需要が高まる……銀行に対する借入れ需要が増大し

てくると，銀行は貸出金利の引き上げにかかる。これは需要と供給の原則に基づくものである（より多数者側にとって不利な取引条件になる）。

②金利商品の売却が増加する……金利商品の売却需要が増加するということは，供給が多くなるということだ。つまり，金利商品の金利が上がる。これは最も典型的な金利商品である債券を想定すればよく分かる。すなわち債券の売却が増えるために債券価格は下落し，それとは逆に債券利回りは上昇する（☞ p. 144 参照）。

③消費意欲が増大するのとは裏腹に，貯蓄ならびに投資意欲が減退する……たとえば企業によるCD（譲渡性預金）の購入意欲が減退する。銀行の側からすると，多少でも金利を引き上げてでもこうした手段で資金を集めるという意欲を強めることになる。

つまり，以上のような現象はいずれも，様々な金利を引き上げることになる。すなわち『物価高＝金利高あるいは金利上昇』であり『物価鎮静＝金利安あるいは金利低下』となる。

金利は以上のようにインフレ率と正の相関関係にあるため，「預金はインフレに対して最低限のヘッジ機能を持っている」わけだ。

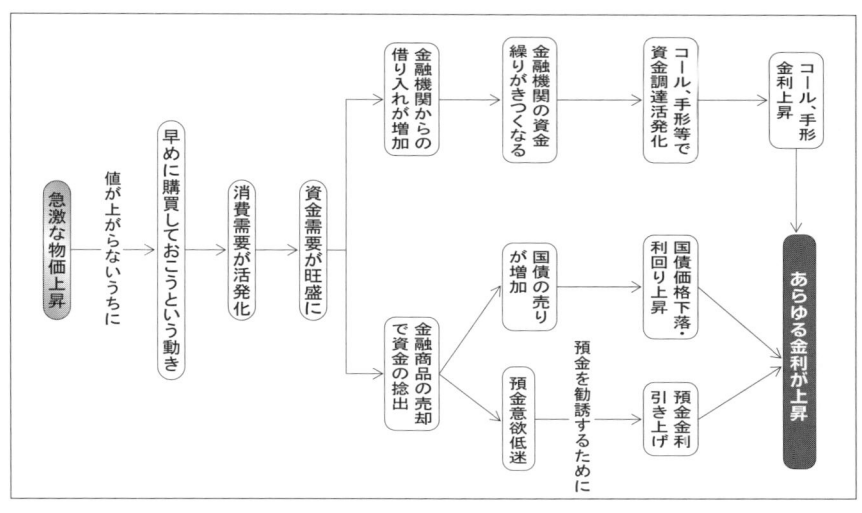

第1部：金利を理解するための基礎知識

11 景気が金利に与える影響

景気のいいときには金利が高く，経済成長率が低い時期には金利水準は低いように思うのですが，景気の善し悪しと金利水準との間にはなんらかの関係があるのでしょうか。

Point
景気の上昇（経済成長率の順調な上昇）は，個人および民間企業の資金需要の高まりを通じて金利の上昇を促す。さらには企業にとっては，設備投資に向けるための資金需要が高まり，貯蓄ならびに投資意欲の減退を背景に金利商品一般の金利を上昇させるのが原則である。

解説

●景気上昇は金利上昇を促進する

「景気回復がしばらく期待薄であるため，金利は先行き上昇することは考えられない」と言われる。また，景気が悪いことを示す経済データが発表されるたびに，わが国の長期金利は低下に向かう。

あるいは米国の経済拡大を意味するデータが明らかになった場合にはほとんど例外なく米国の財務省証券（わが国の国債に相当する）に代表される金利が上昇する。たとえば，失業率の低下，GDPの増大，住宅着工件数や自動車販売台数などの順調な増加などは米国国債の利回りを上昇させる。

これらは何を意味しているのか。なぜ，景気が順調な足取りを示していることが金利の上昇を招くのか。これは，経済ファクターの間に働いているメカニズムのうち最も基本的なレベルに属する問題だ。

まず，景気がいい（あるいはさらに景気が上昇する）ということを，『民間企業一般に製品などの売れ行きがいいから設備投資が活発である。

さらには運転資金需要が高まってきている』という側面から考えてみよう。このような状態のもとでは，企業活動を活発にさせるだけの資金的な裏付けが必要だ。

他の条件が一定であれば，企業は金融機関から新たに資金を借り入れたり，あるいは現在保有している債券などの金融商品を売り払うという行動に出るという傾向が強まる。さらには，手元に資金があってもこれを金融商品の購入や銀行預金などへ向けようとする動機は後退する。

つまり，ここではすでに金利が上昇するに足る条件が醸成されている。銀行からの借入れ需要が高い場合には，銀行は企業一般への貸出金利を上げようとする。それでも借り手は多くいるためだ。

とともに，こうした借入れの要請を受けた金融機関は，企業の資金需要の高まりに応じるために，手持ちの債券などを売却したりして外部から資金を取り入れようとする。銀行のレベルでも資金の取り入れ需要が高まる。当然のことながら，これも金利の上昇を招く。

つまり『景気が上昇傾向（企業活動が活発である）⇨企業活動を支えるための資金が必要⇨お金に対する需要が高まる⇨お金の価値である金利が上昇する』というメカニズムを通じて金利上昇を招くことになる。

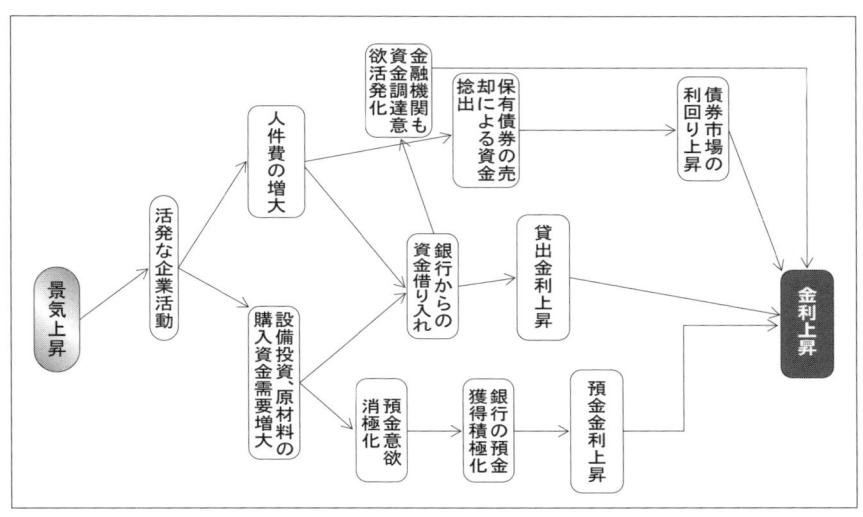

第1部：金利を理解するための基礎知識

12 株価動向が金利に与える影響

株価が下がるときには往々にして債券価格は上がり，債券利回りは下がることが多いように思うのですが，これはどのようなメカニズムに基づいているものなのでしょうか。

Point
　過去における株価と金利の動きを全体としてみれば，相当程度の連動性が読み取れる。つまり，「株価上昇」と「金利上昇」がセットに，「株価が下がっているときには」⇨「金利も下がっている」ことがわかる。この2つのファクターの間の関係はマネーフローの変化を通してみると分かりやすい。

解 説

　最近にいたり，株価が金利におよぼす影響がきわめて強くなってきている。

　株価が下がってきたとしよう。とくに現在の日本経済は，株価の下落はきわめて不安定な，例えていうと長く続いたバブル不況からの病み上がりでやっと人心地ついたという状態だ。しかし一方では，多くの金融機関はビッグバンで海外勢と互角に戦っていかなければならない時期にあって，膨大な不良債権の処理に苦慮している。そこで，この不良債権の処理を行うための原資としてもっとも頼りにされているのが株の含み益だ。

　こうした時期に，株価が急落すればどのような事態が想定されるか。たとえば，日経平均株価が1万5,000円から8,000円に下がれば，これは経済，金融政策のあり方に相当強烈なインパクトを与える。1万5,000円から8,000円に下がったということは平均的にいっても，株の価値が47％下落したということにはとどまらない。なぜなら，たとえば平均株価1万円で買った人にとっての含み益は，5,000円からマイナ

ス2,000円になったのだから,非常にインパクトは大きい。これは企業にとっても金融機関にとっても同様だ。

となれば当然,これ以上の株価の下落を回避するような政策が取られる。マーケット参加者はそのように先読みする。つまり金融面では緩和政策への移行であり,金利の低下を予想する。

すなわち,もっとも純粋な金利である債券利回りの低下(債券価格の上昇)を予測する。であれば,近い将来の債券価格の上昇を見込んで,多くの市場参加者は債券の購入を積極的に行う。そうすればその買いがさらに債券の価格を押し上げ,利回りを下げるということになる。

逆に,株価が順調に上がっているときには,『先行き企業業績がよくなる兆候がでてきたな』⇒『ということは企業の資金需要も高くなってくるな』⇒『わが国の金利水準は全体に上がってくるだろう』という予想にもとづいて,債券の売却が増える。つまり,『債券売却』⇒『債券価格下落』⇒『債券利回り上昇』というように,金利が全体に上がってくるわけだ。

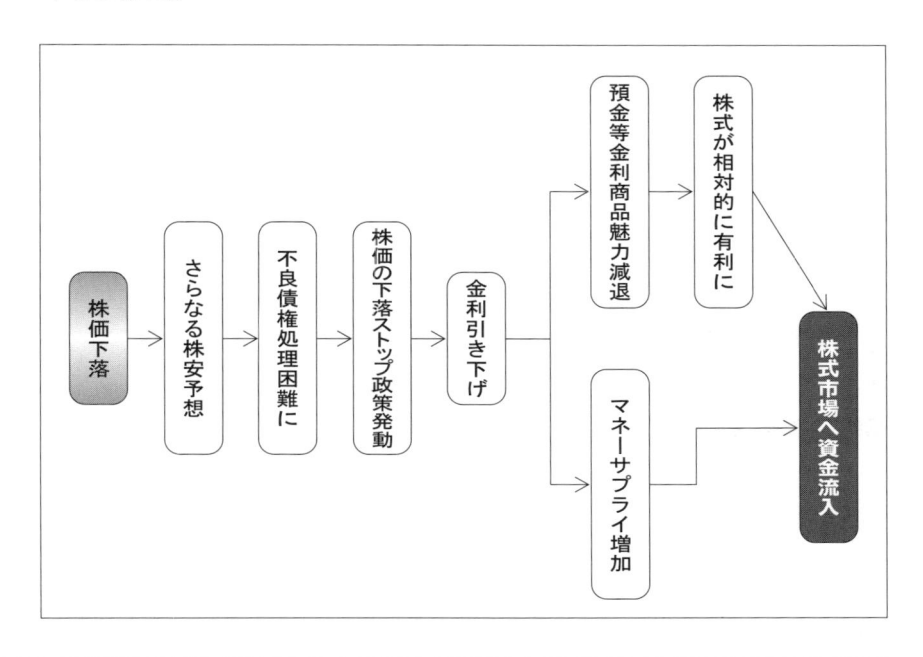

株価下落 → さらなる株安予想 → 不良債権処理困難に → 株価の下落ストップ政策発動 → 金利引き下げ → 預金等金利商品魅力減退 → 株式が相対的に有利に → 株式市場へ資金流入

金利引き下げ → マネーサプライ増加 → 株式市場へ資金流入

13 金利自由化を見る視点

1994年10月に金利の自由化が一応決着しましたが、ここにいたるまでの金融自由化の流れはどのような視点で総括しておけばいいのですか。

Point

金融の自由化という問題は実は、金融機関ごとに扱っている金融商品の垣根が徐々に低くなっていくという業態間の業務の自由化と、金利の自由化の2つの流れがある。ではこのうちの金利の自由化とは何か。お金の貸借条件である金利が法令などの名において規制されるのではなく、市場の需給バランスに委ねられるということだ。

解説

金利自由化の流れを眺望するうえで認識しておかねばならない点が最低限3点ある。

まず第1には、金利自由化は政府規制の緩和（ディレギュレーション）にほかならないということだ。これは何も我が国の金融に固有のことではない。1980年代に入ると同時に日米ならびに英国を中心とする欧州各国では新保守主義へと経済・社会政策の転換を余儀なくされた。

これらの各国はいずれも小さな政府、民間活力の促進、規制緩和といったテーゼのもとに、諸々の社会・経済政策を推進していった。英国の国営企業の民営化、ビッグバン、米国の金融自由化、運輸業の運賃規制の緩和、日本ではNTT、専売公社などの民営化といった政策展開として現われてきた。

2つめのポイントは、我が国の金融機関がその巨大な資力を背景に、主に欧米市場でオーバープレゼンスと欧米から批判されるに至った諸活

動を展開したことだ。

むろんここでは，本邦金融機関が行政の保護のなかで，規制金利での低コストの資金調達が可能であるという点が問題にされた。BIS規制もこうした流れのなかで理解すべきだ。

さらに第3点として指摘できるのが，80年代半ばから徐々に進展してきた我が国の金利自由化はいわば官庁主導の自由化であり，実質的にはそれを遡る10年程度前から実質的な金利自由化が底流としてあったという事実である。その最も端的な現象が国債の売買市場である。

我が国は第1次オイルショックを契機に，一気に低成長経済体制に移行，この中で財政難を克服するためのカンフル剤として75年から国債の大量発行に踏み切った。これによって我が国には国債売買市場という金利自由な世界が突如として登場することになった。いうまでもなく国債はいったん発行されたが最後，市場参加者の自由意志によって形成される需給バランスによって自由に金利が決まる。これが債券現先などの多種多様な取引を生むとともに，規制金利一辺倒であった金融機関の資金吸収力を減退させることになったのである。

●金利自由化の流れ●

1947年	臨時金利調整法により，金利規制の導入
1975年以降	国債の大量発行
1985年	大口定期預金金利の自由化開始
	・MMC（最低5,000万円）の創設
	・10億円以上の大口定期預金の金利規制撤廃
	（以後，預入最低金額を徐々に引き下げ）
1989年	小口定期預金金利の自由化開始
	・小口MMC（最低300万円）の創設
	（以後，預入最低金額を徐々に引き下げ）
1993年	定期性預金金利の自由化完了
1994年	流動性預金金利の自由化完了

第2部
金利計算のための基礎知識

14 利息・利回り計算を行うための数学的常識

各種金融商品の元利金や利息・利回りの計算を行うためには，最低限どの程度の数学的な素養があればよいのでしょうか。

Point

通り一辺の金融商品の金利・利息等に関する計算を行うためには，中学生程度の数学の常識に加え，いくつかの公式を覚えておけば十分である。ここでは，よく利用される公式について説明する。

解説

(1) 等差級数の和の計算

等差級数とは，等間隔で並べられた数の列のことをさす。

　1　2　3　4　5　6　7　　　　（隣り合う数の差が1）
　1.8　2.6　3.4　4.2　5.0　5.8　　（隣り合う数の差が0.8）

このような等差級数の和は，次の公式で算出することができる。

$$等差級数の和 = \frac{(初項＋末項) \times 項数}{2} \quad \cdots\cdots (公式 I)$$

〈例①〉（1, 2, 3, 4, 5, 6, 7, 8, 9, 10）の和を求めよ。

$$和 = \frac{(1+10) \times 10}{2} = 55$$

(2) 等比級数の和

次項の前項に対する倍率が常に一定であるような数列を等比級数と呼ぶ。たとえば，次のような数列である。

　1, 3, 9, 27, 81, 243　　　　（倍率は常に3）

0.1　0.2　0.4　0.8　1.6　3.2　　　　　（倍率は常に2）

利回り計算によく用いられる形に沿って以下説明しよう。

$$S = 1 + (1+r)^1 + (1+r)^2 + \cdots + (1+r)^{n-1} \cdots\cdots ①$$

倍率が常に $(1+r)$ である数列である。

この式の両辺に $(1+r)$ をかけると，

$$S(1+r) = (1+r) + (1+r)^2 + \cdots + (1+r)^n \cdots\cdots ②$$

②から①を引くと，

$$S(1+r) - S = (1+r)^n - 1 \quad S = \frac{(1+r)^n - 1}{r}$$

$$\text{等比級数の和} = \frac{(\text{倍率})^{\text{項数}} - 1}{\text{倍率} - 1} \cdots\cdots (\text{公式Ⅱ})$$

〈例②〉　（1，3，9，27，81，243）の和を求めよ。

$$\text{和} = \frac{3^6 - 1}{3 - 1} = \frac{728}{2} = 364$$

(3) 常用対数の利用

複利計算では必ず $(1.05)^n$ というようなべき乗の概念が使われる。この場合，べき乗の指数そのものを求める必要が生じることがある。たとえば，「一定額ずつを一定期間ごとに積み立てていった場合，所定の目標額に到達するまでには，所要積立回数は何回か」といったケースである。この場合には，常用対数の利用により解が得られる。

●log を利用する●

$a^n = b$ （a と b は定数で n が未知数の場合）

$n\log a = \log b \qquad n = \dfrac{\log b}{\log a}$

〈例③〉　$1.06^n = 2$ （年6％の複利運用で元本が2倍になるのは何年後か）

$$n\log 1.06 = \log 2 \quad n = \frac{\log 2}{\log 1.06} = \frac{0.30103}{0.0253058} \quad n = 11.895661 (\text{年})$$

15 利回り，利子，利子率の違い

金利に類似する言葉として，利回り，利率，利子率などがありますが，これらはどう区別して使われますか。

Point
基本的には，これらの用語が意味するところは全く同じだと考えてさしつかえない。つまり，一定の元本が一定期間にどの程度の利息を生み出すか（債務者からみれば，定期的にどれだけの利息を支払うべきか）の比率を示すものである。

ただ，実際には個別の金融商品の金利を示すのか，わが国の金利水準全体を論ずるのか，また金融商品の投資収益率を分析的に論ずるのか等のコンテクスト（文脈）によって用語法は多少異なる。

解説

これらの類似した用語の使われ方は，あくまで慣習による面が大きいが，大雑把に分類すれば，以下のようになる。

(1) 金利

以上の言葉のなかでは，最も普遍的，一般的に用いられる用語である。ただ，あえてパターン的にいえば，個々の金融取引（金融商品の売買，資金の貸借取引）に伴う金利についてではなく，それらの金利全体の動きを指す場合に用いられることが多い。たとえば「わが国の金利水準は……」，「日米の金利差」，「今後のわが国の金利動向は……」といったように，マクロの立場で金利（水準）を問題にする文脈のなかでは，通常"金利"という言葉が用いられる。

このような文脈のなかでは「わが国の利回り水準は……」とか「今後

の利率動向は……」といった使われ方は，普通しない。

同様に「金利予測」とはいうが「利率予測」，「利子率予測」といった用語法はあまり一般的ではない。

(2) 利回り

個別の金融商品について，その金利を示す場合には，通常"利回り"という言葉が用いられる。さらには，以上の用語のなかでは最も口語体になじむ言葉だとも言えよう。

たとえば，「1年定期預金の金利」というよりはむしろ「1年定期預金の利回り」と表現するのが普通だ。

また，債券を最終まで保有した場合の収益率を表す場合にも，「利付245回国債の金利」とは言わず「……の利回り」と呼ぶ。

(3) 利率

"利回り"と同じような文脈のなかで用いられる言葉である。たとえば「普通預金利回り」と同様に「普通預金利率」というようにも使われる。

ただ，"利回り"という言葉に比べ，やや文語調のニュアンスを持っている。

なお，債券については「表面利率」という概念があるが，これは"利率＝利回り"という意味とは若干異なる。つまり，債券においては，インカムゲインの部分が"表面利率"で示され，これにキャピタルゲイン（あるいはロス）が付け加わった全体の収益が"利回り"と呼ばれる。

(4) 利子率

ある特定の金融商品の収益性を分析的に論ずる場合に多く用いられる。たとえば「債券投資に伴う期待利子率」とか「利子率の高低を論ずるに際しては……」というようにである。口語で行われる一般の日常会話にはあまりなじみのある用語ではない。

16 利回りと割引率

利回りには，普通の利回りと割引率の2種類があるといわれますが，どう異なりますか。

Point
ともに，一定期間内に発生する利息（収益相当分）の算定方法は同じだが，何を基準にしてこの利息の割合をみるかによって，利回りと割引率に大別することができる。

解説

（1）利回りと割引率の違い

広義の意味での利回りと言えば，我々がごく普通に用いている預金などの"利回り"のほか，手形割引などでよく使われる"割引率"をも含む。ただ，この2種類の利回りは全く計算の根拠が異なるため，実際の商取引においては，厳密に区別する必要がある。

簡単な例で説明しよう。

AがBに95万円のお金を貸し，ちょうど1年後にBがAに100万円返したとする。Aが得た利息は5万円。

この場合，この5万円という利息の割合を算定するに際して，何を基準にして計算するかという問題が発生する。

通常の利回りでは，当初の元本（95万円）に対して利息（5万円）が，どの程度の割合であるか，という考え方がとられる。

$$利回り = \frac{5（万円）}{95（万円）} \times 100 = 5.263（\%）$$

これに対して，元利合計（100万円）を基準にして利息（5万円）の

割合をみるのが割引率という考え方である。

$$割引率 = \frac{5(万円)}{100(万円)} \times 100 = 5(\%)$$

以上の説明を，より現実的な叙述に置きかえてみる。1年後に100万円で払い戻されるべき額面100万円の証書を，現在，入手しようと思えば95万円で手に入るとしよう。この場合の利回り，割引率の考え方の基本が，以上のような計算の違いとなって表われてくる。

"割引率"と呼ばれるのは「もともと額面は100万円であるが，これからいくら割り引かれた価額でこの証書が売り，買いされているか」という意味からである。したがって，額面を基準にして，利息が計算されるというわけである。

$$利回り = \frac{利息(相当分)}{当初元本} \times 100(\%)$$

$$割引率 = \frac{利息(相当分)}{元利合計(額面)} \times 100(\%)$$

現在このうち，割引率で計算，表示されるのが慣例になっているものは，金融機関による融資（手形割引，手形貸付，証書貸付），期間が1年以内の割引債および金融機関間における手形売買である。

(2) 割引率＜利回り

以上の説明でわかる通り，同じ金融取引が行われた場合，割引率は常に利回りよりも低く表示される。これは，利息（分子）部分は全く同じであるにもかかわらず，分母が異なるためである。つまり，常に"当初元本＜元利合計"という関係にあるためである。

逆に，同じ5％という表示でも，これが割引率である場合には，利回りである場合よりは利息を受け取る側にとっては有利になる。

したがって，一方が割引率表示，一方が利回り表示というように，その計算および表示方法が異なる商品の収益性を比較する場合には，単純に表面上の数値の高低だけで判断することはできない。

17 利回り表示と割引率表示の比較方法

利回り表示と割引率表示を同じレベルで比較するにはどうすればよいでしょうか。

Point

計算の根拠が全く異なっている以上，単純に比較することはできない。通常，①割引率表示を利回り表示に換算し直したうえで，双方を比較したり，②実際に当初元本をたとえば100万円と想定して，それぞれの元利合計を計算し，それらを比較するという方法が用いられる。いずれも考え方の基本は同じである。

解説

まず，Aという商品は年利回りで6％，Bは年割引率表示で同じく6％であるとする。この場合，A，Bは以下のような商品であることを意味する。

A（利回り）：100円が1年後に106円に

$$\frac{(106-100) \div 1}{100} \times 100 = 6(\%)$$

B（割引率）：94円が1年後に100円に

$$\frac{(100-94) \div 1}{100} \times 100 = 6(\%)$$

(1) Bの割引率を年利回りに換算する

以上でわかる通り，商品Bの利回りは，次の式から6.382％となる。

$$利回り = \frac{(100-94) \div 1}{94} \times 100 = 6.382(\%)$$

したがって，Aの6%よりもBの6.382%（ともに年利回り）の方が0.382%分だけ収益性が高いことになる。

（2）元利合計で比較する

当初元本を100円とすると，Aの場合には1年後には106円となる。

ではBの場合はどうか。94円が1年後に100円になるわけだから，当初元本を100円とすれば，1年後の元利合計は106.382円となる。

$$1年後の元利合計 = 100（円）\times \frac{100}{94} = 106.382（円）$$

利回りの差（0.382%）が，そのまま元利合計の差として表われてくることがわかる。

（3）利回り6%の商品（A）と等価値を持つ商品の割引率を計算する

では，利回り6%は割引率何%に相当するかを考えみよう。(1)の割引率→利回り換算とは逆に，利回り→割引率換算を行ってみればよいだけである。つまり，100円が1年後に106円になる場合の，割引率の計算を行うことになる。

$$割引率 = \frac{(106 - 100) \div 1}{106} \times 100 = 5.660（%）$$

利回り6%は，割引率5.660%に相当することがわかる。

以上の考え方に基づいて，年利回りを年割引率に換算したものが下表である。

年利回り%	年割引率%	差　%
2	1.961	0.039
4	3.846	0.154
6	5.660	0.340
8	7.407	0.593

（注）利回りは切り捨てが原則だが，ここでは利回り表示の差をみるために，あえて小数点以下4桁目を四捨五入した。

絶対的な利回り水準が高くなればなるほど，利回り表示と割引率表示の差が大きくなることがわかる。

18 手形の年割引率と年利率の相違

手形の割引きなどに使われる年割引率は，通常の年利率とは若干考え方（計算方法）が違うといわれますが，これはどういう意味なのでしょうか。

Point

割引率とは，字のごとく一定の額面を持つ手形などが，額面からどの程度割り引かれた価格で取引されるかを示すもの。これに対し，通常の年利率（利回り）はあくまで元本に対して利息（相当額）がいくらであるかを示すものである。

このため，利息（相当額）は同じでも，それが何に対するものであるかが異なるため，割引率と年利率とは多少数値が違ってくる。

解説

ケース1

ちょうど1年後に現金化できる手形（額面100万円）が，現在94万円で取引されている（手形を割り引いてくれる）とする。この場合の年割引率はいくらだろうか。

手形を割り引く側にとっての，この1年間の利息は6万円（100万円－94万円）である。

割引率という場合には，この6万円が額面100万円に対して，いくらの比率であるかと考える。

$$年割引率 = \frac{1{,}000{,}000 - 940{,}000}{1{,}000{,}000} \times 100 = 6\%$$

つまり6％である。ではこの場合，通常の年利率（利回り）ではいくらになるか。

$$\text{年利率} = \frac{\text{利息}}{\text{元金}} \times 100 = \frac{1{,}000{,}000 - 940{,}000}{940{,}000} \times 100 = 6.382\,(\%)$$

このように6%と，6.382%というように数値が異なるのは当然である。利息額は同じ6万円であるにもかかわらず，何を基準にこの6万円を計算するかが異なるためである。割引率は額面を基準に，利率は元本を基準に計算され，常に"額面＞元本"という関係にあるので，"年割引率＜年利率"になる。

ケース2

期日までの期間が60日の証書（額面200万円）を年割引率8%で割り引いてもらおうとする場合，手取り金額はいくらになるか。

年割引率8%ということは，60日間の割引率は，次の式から求めることができる。

$$8\% \times \frac{60}{365} = 1.3150685\,(\%)$$

つまり，200万円から200万円の1.3150685%を差し引いた金額で割り引いてくれることになる。

$$2{,}000{,}000 \times \frac{(100 - 1.3150685)}{100} = 1{,}973{,}698\,(円)$$

以上からわかる通り，年割引率を求める一般式は次のようになる。

●年割引率の計算（一般式）●

$$\text{年割引率} = \frac{(\text{額面価額} - \text{割引価額}) \times 365 / \text{期日までの日数}}{\text{額面価額}} \times 100\,(\%)$$

これを，変形すると，次のようになる。

$$\text{割引価額} = \text{額面価額} - \left(\text{額面価額} \times \frac{\text{年割引率}}{100} \times \frac{\text{期日までの日数}}{365} \right)\,(円)$$

$$\text{期日までの日数} = \frac{\text{額面価額} - \text{割引価額}}{\text{額面価額}} \times \frac{100}{\text{年割引率}} \times 365\,(日)$$

ケース3

期間 90 日の手形割引率が年率で 7% であるとする。これを普通の年利回り（利率）に換算し直すとすればどのようになるか。

額面価額を 100 円とすると，上の一般式から割引価額は次のように求めることができる。

割引価額 $= 100 - (100 \times \dfrac{7}{100} \times \dfrac{90}{365}) = 98.273973$（円）

つまり，90 日後には 100 円になる手形が 98.273973 円で取引されているわけだから，この手形を割り引く側にとってみれば，年利回りは次のように計算することができる。

年利回り $= \dfrac{(100 - 98.273973) \times 365/90}{98.273973} \times 100 = 7.122$（%）

では次に年割引率と年利回りとの間で，一方から他方を算出するための一般式を考えてみることにする。

額面（元利合計）を 100 円，日数を n 日とするとそれぞれ次の式が成立する。

割引価額 $= 100 - (100 \times \dfrac{\text{年割引率}}{100} \times \dfrac{n}{365})$ ……①

年利回り $= \dfrac{(100 - \text{割引価額}) \times 365/n}{\text{割引価額}} \times 100$

割引価額 $= \dfrac{100 \times (365 \times 100)}{(\text{年利回り} \times n) + (365 \times 100)}$ ……②

①と②をイコールと置けば，年割引率と年利回りとの換算式が得られることになる。

- - - ● 年割引率と年利回りの相互交換（一般式）● - - -

$$100 - \dfrac{\text{年割引率} \times \text{日数}}{365} = \dfrac{100 \times (365 \times 100)}{(\text{年利回り} \times \text{日数}) + (365 \times 100)}$$

●年利回り→年割引率換算表●

利回り	30日	45日	60日	90日	180日	270日	365日
5％	4.979	4.969	4.959	4.939	4.879	4.821	4.761
6	5.970	5.955	5.941	5.912	5.827	5.745	5.660
7	6.959	6.940	6.920	6.881	6.766	6.655	6.542
8	7.947	7.921	7.896	7.845	7.696	7.553	7.407
9	8.933	8.901	8.868	8.804	8.617	8.438	8.256
10	9.918	9.878	9.838	9.759	9.530	9.311	9.090
11	10.901	10.852	10.804	10.709	10.433	10.172	9.909
12	11.882	11.825	11.767	11.655	11.329	11.021	10.714
13	12.862	12.794	12.728	12.596	12.216	11.859	11.504
14	13.840	13.762	13.685	13.532	13.095	12.686	12.280
15	14.817	14.727	14.639	14.464	13.966	13.501	13.043

注：割引率は小数点以下4桁目を切り捨て

　この式により，期間，利率の水準によって年割引率と年利回りとがどの程度異なるのかを示したのが上の表である。

　この表で明らかなように，期間（日数）が長いほど，また利率（利回り）の水準が高いほど，年利回りと年割引率の差は大きくなる。

●割引率で計算・表示されるもの●────────────────
　手形割引，手形貸付，証書貸付による融資，および銀行間での手形売買

19 日歩, 月利, 年利の使い分け

金利（利回り）の表現方法には，日歩，月利，年利の種類がありますが，これらはどう使い分けられているのでしょうか。

Point

いずれも読んで字のように，日歩は１日あたりの利回り（利子率），月利は１ヵ月あたりの利回り，年利は１年あたりの利回りを示す。日歩は元本100円につき，１日あたりの利息がいくらかであるかを，月利，年利は，元本を100%とした場合に，１ヵ月，１年あたりの利息が何%にあたるのかを示す。

もともと，短期間の取引でかつ１日ごとに利息計算が行われる金融取引では日歩が，１ヵ月ごとに利息が発生するような取引では月利が用いられていたが，最近ではこれらを含めて年利で表現されることが多くなってきている。

解 説

(1) 年利

最も一般的に用いられている年利についてみると，年利1.0%といえば，100%（100円）の元金について，１年あたり1.0%（１円）の利息が発生することを意味する。

単利であるか複利であるかを問わず，年利として利回りが表現されている場合は，すべてこの考え方による。

(2) 日歩

これに対し日歩とは，元本100円につき１日あたりの利息を示すもの。日歩２銭３厘５毛といえば，元本100円につき１日あたり２銭３厘５毛の利息が発生することを意味する。

つまり，元本1万円につき1日に2円35銭，元本1億円に対して1日に23,500円の利息が付く。

わが国の商人は古くから，お金の貸し借りについては通常，日歩で表現（表示），計算していた。これは，短期間の資金の貸借では1日ごとに利息が発生しており，計算が容易に行えることが要求されたためである。

ただ，ひと昔前まではわが国の金融市場でもよく日歩は用いられていた。公定歩合は今でこそ年利で表示されているが，1969年8月までは日歩表示だったのを始め，70年代中頃までは，債券の現先レートも日歩で表現されることが一般的だった。

なお，日歩は365倍することによって年利に換算することができる。たとえば日歩2銭といえば，年利7.3%に相当する。

$$2銭 \times 365(日) = 7円30銭$$

$$\frac{7円30銭}{100(円)} \times 100 = 7.3\%$$

（3）月利

一方，月利とは1ヵ月あたりの利息の比率を示す。%で示されることも，また「〇分〇銭〇厘」というように表示されることもある。

最も一般的に用いられているのは，質屋においてであり，質屋が行う担保預り・融資という金融取引では，1ヵ月（月末）を越えるたびに利息が発生する。

したがって，ここでも最も利息計算が行いやすいような形で利回りが表示され，一般的に利用されているというわけである。

20 約定金利，実効金利，実質金利，実効利回りの別

金融，債券取引では，約定金利，実効金利，実質金利，実効利回り等と，類似する用語がありますが，どう区別すればよいのですか。

Point
金利の世界にはさまざまな取引慣行があることなどにより，厳密にはかなり意味が異なる"〇〇金利"という用語がある。"金利"，"利回り"，"利率"といった言葉は，さほど厳密には区別する必要はないが，以下の"〇〇金利"の用語法については，厳格に区分けして用いるべきである。

解説

それぞれの用語について，簡単にその違いを説明しておこう。

(1) 約定金利

金融機関が手形の割引等の手段で企業などへ資金を貸し出すに際し，双方で合意された融資金利のこと。"**表面金利**"とも呼ばれる。

というのも，金融機関が企業などへ融資する場合には，その融資資金の一部を金融機関への預金として拘束することが多いためである。すなわち，企業等からみれば，たとえば6％の金利（約定金利）で資金を借り入れても，そのうちの一部は預金として拘束されるのが一般的であるため，全体としてみれば資金借入れコストは6.5％というように，約定金利を上回るのが普通である。

このため，表面上の融資金利を約定金利と呼ぶわけである。プライムレート（最優遇貸出金利）などは約定金利にあたる。

日銀が毎月1回集計，公表している「全国銀行貸出約定平均金利」も，

以上のような意味での表面上の金利がベースになっている。

(2) 実効金利

　約定金利で資金を借り入れた企業などは，その一部を預金として預け入れることになるが，その場合，"資金借り入れ→一部の資金を預金"という全体からみた場合の実質的な資金借り入れコストを，実効金利と呼ぶ。

　金融機関の側からみれば，実質的な資金運用利回りになるわけである。

　実効金利は，約定金利を上回るのが普通で，これは，約定金利に比べ預金利回りが低いためである（☞ p.80 参照）。

(3) 実質金利

　これは，以上とは全く異なる用語概念である。いくら金利が高くても，物価上昇率がそれを上回っていれば，資金は目減りすることになる。つまり，資金の価値は金利通りには上昇しないわけである。

　このため，物価上昇率を基準にして金利水準を判断するという考え方があるが，これが実質金利である。たとえば，金利が3％で物価上昇率が1％である場合は，実質金利は2％でしかないし，物価上昇率が5％の場合は，実質金利はマイナス2％になる。この場合，3％という表面上の金利は"**名目金利**"と呼ばれる。

　「インフレ率を差し引いた日米の実質金利差は……」というように用いられることが多い（☞ p.56 参照）。

(4) 実効利回り

　債券の投資分析を行う場合にのみ用いられる用語。利付債は通常半年ごとに利子収入が発生するが，この利子収入を任意の利回りで再投資すると仮定したうえで，償還期日における元利金合計を算出，これから複利の考え方によって計算された利回りである（☞ p.150 参照）。

第2部：金利計算のための基礎知識

21 名目金利と実質金利

経済的なものの考え方の1つに「実質」と「名目」がありますが、金利についてもこのような考え方が可能なのでしょうか。

Point
絶対的な金利水準を"名目金利"というのに対して、物価上昇率をベースにおいた金利水準を"実質金利"という。名目金利から一般的にはインフレ率を差し引くことによって求められる。預貯金の実質金利がプラスである場合には預貯金は「目増え」する状態、マイナスである状態は「目減り」である。

解説

(1) 実質金利とは

もともと金利とは、お金の将来にわたる価値を示すものだが、お金そのものの実質的価値は物価の変動によって大きく左右される。たとえば名目上の金利がいくら高くても、物価の上昇率がそれより高ければ、お金の価値そのものは目減りする。つまり、物価を基準に見た場合のお金の実質的な価値は、表面上の金利通りには増えない。

以上のような見方に立つと、物価上昇率を基準にして金利水準の高低を判断するという考え方は合理的だ。これが"実質金利"と呼ばれるものである。

たとえば、表面上の金利が5%で物価の上昇率が3%の場合には、実質金利は2%でしかない。つまり、100万円を預金すれば1年後には105万円になるのだが、一方100万円のモノは1年後には103万円になっている。つまり預金の増え方の方が2万円分だけ多い。これだと、預金すれば実質的に2%分だけ資産価値は増えていくわけだ。

(2) 名目金利とは

　同じく表面上の金利は5％であっても，物価上昇率が8％であれば，実質金利はマイナス3％だ。この場合，5％という名目上の金利は"名目金利"と呼ばれる。

(3) 預金の目減り，目増え

　預金などの貯蓄あるいは投資によって実質的に金融資産がどの程度増えていくのかを考えるためには，実質金利というものの考え方が必要になってくる。

　つまり，預金の目減りあるいは目増えというテーマだ。

　極端に言うと，インフレ率がマイナス10％という中で銀行の預金金利が1％であった場合，「預金利率は低いから預金はしない」と考えるだろうか。

　そうではない。つまり，我々は金利は物価上昇率との見合いで判断するという考え方をどこかで持っている。とすればこの実質金利という物の見方は，決して理屈の上の問題だけではない。

(4) 名目金利と実質金利の関係

　以上のような意味でいうと，名目金利と実質金利の関係は，名目経済成長力と実質経済成長力との関係に類似している。

　ちなみに，各国別に名目金利と実質金利の関係を調べてみると，その間にはおのずからある種の関係が認められる。

　一般的に言えることは，名目金利が高い国はインフレ率も高いため実質金利はそれほど高くないのが普通だ。

　逆に，名目金利が低い国は相対的にインフレ率が低いため，実質金利は名目金利ほどには低くない。

　このことは「インフレ率の高低と名目金利の高低は正の相関関係にある」ことを示している。

22 最低付利単位と利回り

利回りとは1円単位まで考慮した厳密なものですが、預金などでは一般に最低付利単位が設けられています。このような場合、利回りはどう考えればよいのでしょうか。

Point
利回りが有効なのは、あくまで最低付利単位以上の元本に対してのみである。したがって、最低付利単位未満の端数の元本に対してはいっさい付利されないので、実際の運用利回りは理論通りに計算された利回りを下回ることになる。

解説

(1) 最低付利単位と利回り計算

最低付利単位とは「いくら以上の元本でなければ付利しない（利息を付けない）」という最低金額のことで、身近な例でいえば次のとおりである。

- 普通預金…1,000円　・定期預金…100円　・通知預金…1万円
- 金銭信託…100円

たとえば、普通預金を新規扱いで1万2,600円積み、ちょうど1年間預け入れたとしよう。利回りは年1.0%とすると理論的には1年後の利息は126円であるはずだ。

$$12{,}600 \times \frac{1.0}{100} = 126 (円)$$

ところが、実際にはそうはならない。この例でいえば、最低付利単位は1,000円なので、1万2,000円については付利されるが、残り600円

は付利の対象とはみなされないためである。したがって，利息は次の式により120円となる。

$$12{,}000 \times \frac{1.0}{100} = 120（円）$$

常識的なことだが，端数部分の金額が多くなればなるほど，また最低付利単位が大きくなればなるほど，元本そのものに利回りをかけた理論上の利息と，実際に発生する利息額との差は大きくなる。

(2) 債券の場合

では，債券の場合はどう考えればよいか。債券の額面金額（券面金額）は，1万円，5万円，10万円，100万円というように，きりのいいまとまった額として発行されている。このため，この券面に記載してある金額（額面）が，いうならば最低付利単位に相当すると考えられる（債券の場合，付利単位とは呼ばないが…）。

たとえば，額面100円につき99円で発行されているクーポン8%の債券（券面金額は10万円とする）といえば「9万9,000円払い込めば額面10万円のこの債券を手に入れることができ，この債券を所有している間は，毎年8,000円の利子収入を受け取ることができる」ということを意味する。

なお，現在では国債などの債券は券面（本券）は発行されていない（根拠法は「社債，株式等の振替に関する法律」）。所有者の権利は「振替口座簿」と呼ばれる口座等へ電子的な記録によって管理されている。これをペーパーレスと呼ぶ。

23 年利回りの切り上げ，切り捨て等

年利回りは％で表されますが，小数点以下のケタ数，切り上げ，切り捨て，刻み幅等についてはどう考えるべきでしょうか。

Point

これらの利回り表示法については，金銭貸借取引や金融商品の種類ごとに，慣習として定められている。ただ，これらのうち計算上利回りの数値が，有効ケタ数以下にまで及ぶときには，それ以下の数値を切り捨てて表示するのが原則である。これは資金運用者側（金融商品購入者）の立場が尊重されているためである。

解説

（1）有効ケタ数

この点については，金融取引（あるいは金融商品）ごとにさまざまだが，いずれも明確な根拠で定められているのではなく，永年の商慣行であると考えてさしつかえない。

％で表される利回りの有効ケタ数は，大別すれば，小数点以下1ケタ目，2ケタ目までのもの，3ケタ目までのもの，4ケタ目までのものがある。代表的な金融商品についてみれば，おおむね次の通り。

- 下1ケタ目まで……長期プライムレートを始めとする銀行貸出長期金利，国内債券の表面利率
- 下2ケタ目まで……普通預金，定期預金，通常貯金，定期貯金，金銭信託，貸付信託，短期プライムレート等の銀行貸出短期金利，ダブル，ビッグの年平均利回り

- 下3ケタ目まで……国内債券の最終利回り，中期国債ファンド，ワイドの年平均利回り
- 下4ケタ目まで……コール，手形レート

（2）刻み幅

　一方，利回りを変更させる（変動する）に際しての刻み幅の考え方については，①有効最低ケタ数の1単位刻み（下2ケタの場合0.01％，3ケタの場合0.001％），②1％の1／16とか1／4といった単位——の2種類がある。

- 0.01％刻み……預・貯金，金銭信託，貸付信託，コール，手形レート，債券の表面利率，長期プライムレート
- 0.001％刻み……債券の最終利回り，中期国債ファンド，ワイドの年平均利回り
- $1/8$％（0.125％）刻み……短期プライムレート

（3）切り上げ，切り下げ

　金融商品のなかには，実際の資金の増え方に基づいて，利回りが計算され，それが表示されるものがある。その代表は債券の最終利回りである。

　表面利率と価格，年限に基づき利回りが算出されるわけだが，常に割り切れた数値であるとは限らない。この場合には，下4ケタ目を切り捨てて表示される。

　たとえば3.2456……（％）と計算されたときには，3.245％と表示する。これは四捨五入や切り上げにより3.246％と表示すれば，一種の過当表示になるためだ。

　つまり「3.245％には回りますよ」という意味で，債券の購入者の立場が尊重されているということができる。

24 片端入れ，両端入れの考え方

金融取引一般において，その取引期間を算定するに際して片端入れ，両端入れという2種類の考え方があるといわれますが……。

Point

金利から利息を，あるいは利息から逆に金利を計算するというのは，金融取引実務にとって最も主要なテーマの1つである。この場合，欠くべからざる要素として，取引期間という概念がある。この取引期間を算定するについては2つの方法がある。たとえば10日から同じ月の20日までの資金貸借取引が行われた場合，片端入れだと10日間，両端入れだと11日間が取引期間ということになる。

解説

(1) 日数の算定方法

ごく一部の例外を除き，資金の貸借（金融取引）については，1日刻みで計算されるのが一般的である。

言い方をかえれば，1日ごとに利息が発生するわけだ。

このため利息の計算を行うに際しては，その取引期間が何日であったか（あるいは何年と何日であったか）を特定しなければならない。

この日数の算定方法として，片端入れ，両端入れという2つの考え方がある。たとえばX年Y月1日にAがBに資金を融資した後，X年Y月30日にBはAに資金を返済するとしよう。当然のことながら，Bは借り入れた資金（金額）にいくらかの利息を上乗せしたうえで返済することになる。

便宜上，日歩2銭で1,000万円の資金を借りたことにする。つま

り，1日につき2,000円の利息が発生するわけである。

この場合，BはAにいくらの利息を上乗せしたうえで返済すればいいのか。

これを算定するためには，取引期間（BがAにお金を借りた日数）が何日であるか，を決めなければならない。ここで，その日数をどのように計算するかについて，2つの考え方がある。

まず第一に，取引開始日，取引終了日のうち一方をカウントせずに日数を計算する方法。これを"片端入れ（あるいは片落ち）"と呼び，前例の場合は29日間。利息は5万8,000円になる。

これに対して，開始日と終了日とを両方算入して期間を決めるという方法がある。これが"両端入れ"と呼ばれるもので，この例だと30日間となる。したがって，利息は6万円。

（2）片端入れが一般的

資金の貸借取引については，このように金利とともに，取引期間の計算についても厳密に取り決めておく必要がある。このうち，最も一般的に用いられているのは，第一の片端入れである。預金の受け入れがその代表的なもの。

これは「銀行が預金を受け入れた当日から，銀行はこのお金を使えるが，支払い日当日は支払いに備えてお金を準備しておかなければならないため，実質的にはその前日までしか融資などに用いることはできない」と考えられるからだ。預金のほかCD（譲渡性預金），債券現先等の日数計算は片端入れである。

これに対し，手形割引等の新規融資については，融資実行日と返済日との両方をカウントすることになっている（両端入れ）。ただし，これは初回の融資の場合に限られる。

なぜなら，書替え時にも両端入れで利息を計算すれば，書替え日が二重にカウントされることになり，資金の借り手にとって不利になるためである。

25 単利と複利の根拠

利回りを大別すると，単利と複利がありますが，それぞれの考え方の根拠は何ですか。

Point

誤解している人が多いが，単利，複利という分類には2種類の意味がある。①資金運用の形態としての単利，複利の別，②資金運用形態を問わず，利回りを単利として表示するか，複利として表示するか，の2つである。ここでは①について説明しよう。

解説

(1) 単利運用の場合

まず，100万円を年利6%で1年，2年，3年……10年間単利で運用した場合の元利合計はそれぞれ次のようになる。

$100(万円) \times (1 + 6/100) = 106(万円)$ ……1年目
$100(万円) \times \{1 + (6/100) \times 2\} = 112(万円)$ ……2年目
$100(万円) \times \{1 + (6/100) \times 3\} = 118(万円)$ ……3年目
$\vdots$
$100(万円) \times \{1 + (6/100) \times 10\} = 160(万円)$ ……10年目

あえて説明する必要はないだろう。毎年（1年ごとに），元本100万円の6%に相当する6万円の利息が順次付け加わる。

(2) 複利運用の場合

これに対し，同じく年利6%で，1年ごとの複利運用を行った場合はどうなるか。

$$100（万円）\times (1+6/100)^1 = 106（万円） \cdots\cdots\cdots 1年目$$
$$\{100（万円）\times (1+6/100)^1\} \times (1+6/100)^1$$
$$= 100（万円）\times (1+6/100)^2 = 112.36（万円） \cdots\cdots 2年目$$
$$100（万円）\times (1+6/100)^3 = 119.1016（万円） \cdots\cdots 3年目$$
$$\vdots \qquad\qquad\qquad \vdots$$
$$100（万円）\times (1+6/100)^{10} = 179.08477（万円） \cdots\cdots 10年目$$

まず、1年目に付く利息は単利運用の場合と同じく6万円。つまり、この時点では元利合計は106万円になっている。

では、2年目に付く利息はどうなるか。単利運用の場合は"当初元本100万円"の6％で6万円と考えたが、複利運用の場合には"直近時点での元利合計106万円"に6％の利息が付く。つまり6.36万円の利息が付くことになる。

このようにすれば"直近時点での元利合計"は1年ごとに増えてくるので、それに応じて利息も順次増加していくことになる。

つまり、「同じ利回りで運用する場合でも、単利運用より複利運用の方が元利合計の増加ピッチは速い（有利な運用になる）」わけだ。下表は、6％で単利運用を行った場合と年複利運用を行った場合について、元利合計（元本＝1）を表にしたものである。

「単利運用に比べ複利運用は、運用期間が長くなればなるほど有利になる」ことがわかる。

年6％運用での元利合計			
年	単利運用（A）	年複利運用（B）	$\dfrac{(B)}{(A)}$
1	1.06	1.06	1.0000
2	1.12	1.1236	1.0032
3	1.18	1.1910	1.0093
5	1.30	1.3382	1.0293
10	1.60	1.7908	1.1192
20	2.20	3.2071	1.4577

※小数点以下5桁目は切り捨て

26 複利運用効果とは…

一口に複利運用効果というが，利回りの高低や複利運用単位の期間によって，その効果はどう変わりますか。

Point

計算してみればわかることだが，①利回りが高いほど，②運用単位期間が短かければ短かいほど，複利運用効果は高く（元利金合計の増えるピッチは速く）なる。

解説

(1) 利回りの高低による運用効果

まず，単利運用に比べて複利運用の方が投資収益率が高い（有利である）という点について，検証してみよう。下表は利回り4％〜8％とした場合，それぞれの複利効果はどうかを示したものである。

●利回り高低による複利運用効果の差●

年	4 ％			6 ％			8 ％		
	単利(A)	複利(B)	(B)/(A)	単利(A)	複利(B)	(B)/(A)	単利(A)	複利(B)	(B)/(A)
1	1.04	1.04	1.0000	1.06	1.06	1.0000	1.08	1.08	1.0000
2	1.08	1.0816	1.0014	1.12	1.1236	1.0032	1.16	1.1664	1.0055
3	1.12	1.1248	1.0042	1.18	1.1910	1.0093	1.24	1.2597	1.0158
4	1.16	1.1698	1.0084	1.24	1.2624	1.0180	1.32	1.3604	1.0306
5	1.20	1.2166	1.0138	1.30	1.3382	1.0293	1.40	1.4693	1.0495
10	1.40	1.4802	1.0572	1.60	1.7908	1.1192	1.80	2.1589	1.1993
20	1.80	2.1911	1.2172	2.20	3.2071	1.4577	2.60	4.6609	1.7926
30	2.20	3.2433	1.4742	2.80	5.7434	2.0512	3.40	10.0626	2.9595

※計数はいずれも小数点以下5桁目を切り捨て

この表からわかることは、利回りが高くなればなるほど単利運用に比べ複利運用効果が高いこと。たとえば、年利4%で10年間運用した場合は、単利運用による元利合計の約1.057倍の複利効果しかないのに対し、8%の場合には約1.2倍もの複利効果をあげていることがわかる。

前章で説明したことを加味すると、運用期間が長くなるほど、その複利効果の差は大きくなることも読み取れる。この点をもう少し現実的に言いかえると「低金利期よりも高金利期の方が、複利運用効果は大きい」ということになる。

(2) 複利運用単位期間の違いによる運用効果

では設問のうち、後者の「複利運用単位期間如何による複利効果の差」についてはどうであろうか。ここで言う「複利運用単位期間」とは、「何年(あるいは何ヵ月)ごとに複利運用するか」ということである。この点についても、その単位期間をいくつか設定してみたうえで、実際に計算してみることにする。

下表は、年利回りを6%とし、1ヵ月複利、半年複利、1年複利の元利合計を示したものである。年利回り6%の1ヵ月複利とは「月利が0.5%」、半年複利の場合は「半年利が3%」と考える。

年利6%での複利運用			
年	1ヵ月複利	半年複利	1年複利
1	1.0616	1.0609	1.06
2	1.1271	1.1255	1.1236
3	1.1966	1.1940	1.1910
4	1.2704	1.2667	1.2624
5	1.3488	1.3439	1.3382
10	1.8193	1.8061	1.7908
20	3.3102	3.2620	3.2071
30	6.0225	5.8916	5.7434

※小数点以下5桁目は切り捨て

左の表が示すことは「同じ利回りでの複利運用とはいっても、運用に際しての単位期間が短いほど、元利合計の増加ピッチが速い」ということである。証券会社が、MMFの有利性をアピールするために「1ヵ月複利」を強調しているのも、以上のような考え方に基づくものである。

27 利回り表示における単利・複利の別

利回り表示における単利と複利の別についてはどう考えればよいのでしょうか。

Point

単利で運用されているものについては単利で，複利運用の場合は複利で表示されていれば問題はない。ただ，複利で運用されているにもかかわらず単利で表示されたり，運用が複利でも単利でもないのに，複利で表示されているものがある。

ここでのポイントは，一定の元本が一定期間後に一定の元利合計となった場合，その利回りを表示するに際しては，複利よりも単利表示の方が高い数値として示される，ということである。

解説

ある金融商品について「複利の方が有利なのだから，複利で表示されている方が，単利で表示されているよりは有利（高く表示される）」という誤解を耳にする。これは"運用面"における単利と複利の別と，"表示面"における単利と複利の別とを混同しているためである。単純な例で，この誤解を解いてみよう。

10年間資金を預け入れて途中一切利息を受け取らずにいた場合，最終的に資金が2倍になるとする。この場合，利回りは一体いくらと考えるべきか。

当初元本が10年後に2倍になるわけだから，1円が2円に，あるいは1,000万円が2,000万円になると考えてよい。ここでは100円が200円になるとしよう。

(1) 単利の場合

100円が10年後に200円になるということは，利息（相当分）が100円であることを意味する。単利なのでこれを1年あたりの利息に換算すると10円。この10円は当初元本100円に対して10%に相当する。

$$利回り = \frac{(200 - 100) \div 10}{100} \times 100 = 10 \, (\%)$$

(2) 複利の場合

p.65で掲げた式をこの例に当てはめれば，次式が成立する。

$$100 \times (1 + \frac{x}{100})^{10} = 200 \qquad x \cdots 年利回り（複利）$$

$$x = \left\{ \left(\frac{200}{100}\right)^{\frac{1}{10}} - 1 \right\} \times 100 \qquad x \fallingdotseq 7.177$$

この場合の年複利利回りは7.177%となる。

(3) 単利表示＞複利表示

つまり，一定の期間における一定の資金増加を利回りで表現する場合は，常に，「単利表示＞複利表示」という関係になる。

たとえば，中期割引国債の利回りは，慣習上複利で表示されることになっている。税引き後価格が90円98銭で発行された割引国債が5年後に100円で償還されるという例をとってみよう。この場合，一般に表示されるのは次の式によって求められた1.908%という数値である。

$$\left\{ \left(\frac{100}{90.98}\right)^{\frac{1}{5}} - 1 \right\} \times 100 = 1.90859$$

これに対して，これを単利で表現すれば1.982%になる。

$$\frac{(100 - 90.98) \div 5}{90.98} \times 100 = 1.98285$$

1.908%より，大きな数値として示されることが理解できよう。

28 年平均利回りとは何か

現在，ある種の金融商品では年平均利回りという変則的な利回りが使われていると聞きますが……。

Point

前章にある考え方の延長線にある考え方である。つまり，実際には複利で運用しているのに，利回り算出段階では単利の考え方に基づいて計算，表示する場合がある。これを"年平均利回り"とか"単純平均利回り"と呼ぶ。前章で説明したように，複利の考え方に基づいた利回りよりは，かなり高い数値として表示されることになる。

解説

(1) 年平均利回りとは

利回り 6% で 1 年複利運用される商品（期間は 10 年）の利回りを最終的には単利で表示する場合を考えてみる。まず，10 年後の元利金合計を求めることが必要となる（元本を 100 円とする）。

$$10 \text{年後の元利合計} = 100 \times (1+\frac{6}{100})^{10} = 179.08477$$

100 円が 10 年後には 179 円強になる。これは動かしがたい事実だ。では，単利の考え方に基づき利回りをはじき出せばどうなるか。

$$\text{単利} = \frac{(179.08477 - 100) \div 10}{100} \times 100 ≒ 7.908(\%)$$

複利利回りの 6% よりはるかに大きな数値として示される。

では，この利回りを何と呼ぶべきか。運用形態では複利であるにもかかわらず，元本と元利合計を対比させたうえで利回りを算出する過程で

は単利の考え方が用いられている。したがって厳密には単利でも複利でもない。

このため，従来は「単利・複利」と呼ばれることがあったが，最近では「年平均利回り」とか「単純平均利回り」と呼んでいる。

現在，こうした利回りが用いられている例は，ワイド，ビッグ，期日指定定期などである。

債券発行銀行が取り扱っていたワイドを取り上げてみよう。

（2）ワイドの場合

5年物利付金融債を半年ごとに複利運用して，満期日に一括して元利金を支払うというのが，この商品の基本的特性。利率（クーポン）2.2％で額面（100円）発行という条件で考えてみよう。つまり，額面100円につき半年ごとに受け取ることになる1.1円を複利の考えで（半年ごとに）運用していくわけだ。

したがって，元本を100円とすれば，5年後の元利合計は次式により111.56078円となる（以下の数値はすべて理論値。実際には利息の切り上げでこれよりやや多く（利回りは高く）なる）。

$$元利合計 = 100 \times (1 + \frac{1.1}{100})^{10} = 111.56078$$

したがって，年平均利回りは次のようになる。

$$年平均利回り = \frac{(111.56078 - 100) \div 5}{100} \times 100 = 2.31215 \cdots\cdots$$

こうして「利率（クーポン）は2.2％で，5年後の年平均利回りは2.312％」という商品説明が行われることになる。

この章で1つ銘記しておくべきことは，一口に利回りと言っても，その考え方および計算のプロセスが異なる種々の利回りが混在しているため，個々の利回りについてはその計算の前提条件を十二分に把握しておくことが大切だということである。

29 再投資,再運用の考え方

複利運用方式による元利金一括払い型の商品が増えたのに伴い,再投資,再運用という用語をよく目にしますが……。

Point

従来型の商品では,利息は原則としてそれが発生する都度,預金者等に払い戻すというのが通常の商品設計だった。ところが,その利息をその都度払い戻すのではなく,満期日まで自動的に運用し,満期日に初めてそれらの元利金全額を預金者に払い戻すという商品も多くなってきた。

この場合,利息は再び何らかの商品で運用される(とみなす)のだが,このようにいったん発生した利息を再び運用する(何かに投資する)ことを再投資あるいは再運用と呼ぶ。

解説

(1) 再投資,再運用とは

ビッグ(収益満期受取型貸付信託),ワイド(利子一括払い利付金融債)では,年に2回の割で発生する配当金や利子は,その都度支払われず,再度運用される仕組みになっている。

このように,利息(相当分)を同種の,あるいは異なった商品に投資することで,再度運用することを,再投資とか再運用と呼ぶ。そして再投資に際して適用されるレートが再投資レートである。

当然のことながら,利息(相当分)を再度運用することになるため,複利運用になる。このため,従来型の商品をベースにした商品(ビッグ,ワイド等)であっても,利息の複利運用を行うことになるため,元利金合計は従来型の商品より多くなるわけである。

あるいは中期国債ファンドやMMF(マネーマネジメントファンド)

についても，毎日支払われた分配金が1ヵ月間累積され，毎月末に元本に加えられる。これも一種の再投資にあたる。むろん，これにより複利運用されるわけだ。

(2) 再投資と実効利回り

債券の収益性を分析する1つの手法として，ある銘柄（これは何であってもいい）を所有することに伴って受け入れることのできる利金（利子収入）を，任意の再投資レートで複利運用し続けた場合，満期償還期日には，元利金合計がいくらになるかということを仮定計算するというものがある。

たとえば，クーポン8％の債券の利子（半年ごとに額面100円につき4円の利子が発生する）を，年利6％で再投資していったらと考える。このような考え方に基づいてはじき出される利回りを，"実効利回り"と呼ぶ（p.150参照）。

なおこうした考え方は，債券等に特有のものではなく，他のあらゆる途中利払い型の商品に適用することができる。たとえば毎月分配型の外債ファンドからもたらされる分配金を継続的に他の金融商品（たとえば定額貯金等）で運用する場合のシミュレーションを策定する際にも有効な考え方である。

30 固定金利と変動金利の違い

固定金利（利回り）と変動金利（利回り）の違いについては，どう理解すべきでしょうか。

Point

固定金利とは，資金の貸借期間の全期間にわたり，当初決められた金利が適用されるものである。変動金利は，資金の貸借期間のうち，初期の一定期間だけは当初設定された金利が適用されるが，その後は時々の経済，金融，金利情勢により，一定期日ごとに適用される金利が変動するというものである。

解説

(1) 固定金利

もとより金利は，経済，金融情勢の変化に応じて変動する。その意味では，金利はすべて変動金利と言えなくもない。ただし，ここでいう固定，変動という意味は，何らかの金融取引が行われている場合，その取引契約期間中に，適用金利が変動するかどうか，という意味合いである。

たとえば銀行預金の2年スーパー定期の場合を考えてみよう。この定期預金では，当初預け入れた時点での利率がたとえば0.25％である場合，その預金者にとっては0.25％という利率が満期日まで確実に適用される。途中で公定歩合の変動に応じて新規預金者に対する利率が変わろうとも，既存の預金者にとっては0.25％が保証されている。これを"固定金利"と呼ぶ。

(2) 変動金利

これに対し，変動金利の代表的なものが，信託銀行各行の貸付信託で

ある。この金融商品（を通じた金融取引）では，預け入れ（購入）た時点から半年間は，当初の利回りが適用されるが，半年目の時点で新規の利回りが変わっていれば，それから半年間はその新たな利回りが適用されることになる。以降半年ごとに利回りが見直される。これを"変動金利"と呼ぶ。

(3) なぜ固定金利と変動金利があるのか

では，どうしてこのように金利には固定と変動の２種類があるのだろうか。それは，それぞれの金融商品を取り扱っている金融機関により，資金を貸し出す際して，基本的に固定金利を採用している業態と変動金利を採用している業態があるためである。

つまり，固定金利で融資を行っている金融機関は，資金の調達（金融商品の販売）部門においても固定金利制を採用することが求められる。でなければ，預金と貸出しの金利ザヤを確定させることができず，経営上きわめてリスキーであるためにほかならない。変動金利の場合も同様である。

(4) 債券の場合

では，債券の場合はどうか。「最終償還まで待てば利回りは当初の通り確定するが，途中で売却する場合には，その収益はあらかじめ確定できない。したがって，変動金利である」との誤解が時折見受けられる。これは明らかに誤りである。

なぜなら，途中売却により収益が変動するのは，あくまで価格の変化によるものであり，定期的に（通常年２回）支払われる利子は常に一定であるためだ。すなわち，2%クーポンの債券であれば，金融情勢がどう変わっても，償還まで確実に額面100円につき年２円の利子が支払われることになる。

債券が別名「確定利付証券」と呼ばれることがあるのは，このような意味合いからである。

31 商品による金利の使い分け

具体的に金融商品により固定金利，変動金利はどう使い分けられているのですか。

Point

基本的には，固定金利貸出しを行っている普通銀行（都市銀行，地方銀行）や債券発行銀行，信用金庫等が扱う金融商品は固定金利，信託銀行の取り扱い商品は変動金利制がとられている。

また，債券は固定金利，投資信託は変動金利商品といえよう。

解説

代表的な金融商品について，固定，変動金利の適用例を右表に記す。

要求払い預金である普通預金は変動金利に分類した。これは普通預金は取引期間がエンドレスだが，実態的には利率が変更されればその日から新利率が適用されると考えることができるからである。

国債との組み合わせ商品では，国債は固定金利だが，金銭信託，公社債投信が変動金利という場合，全体としてみれば変動金利である。

では，この固定金利，変動金利の意味はどう考えればよいのか。まず，これらの金融商品を購入する立場に立って考えてみよう。

(1) 金利が上昇局面にある場合

原則として固定金利商品より変動金利商品を選択すべきだ。なぜなら，固定金利だと現在の低い金利が将来にまでわたって適用されるのに対し，変動金利商品では，金利の上昇にスライドして順次適用金利が上昇していくためである。

● 固定・変動利回りの別 ●

取り扱い機関	金融商品名	固定,変動の別	備　　考
普通銀行など	定期性預金 変動金利預金 普通預金 国債等公共債 CD	固定 変動 〃 固定 〃	半年ごとに利率見直し 即日新利率が適用
債券発行銀行	利付金融債 割引金融債 ワイド	固定 〃 〃	
信託銀行	金銭信託 貸付信託 ビッグ	変動 〃 〃	半年ごとに利率見直し 〃
郵便局	通常貯金 定額貯金	変動 固定	即日新利率が適用
証券会社	債券	固定	
――	固定金利住宅ローン 変動金利住宅ローン	固定 変動	半年ごとに利率見直し

(2) 金利が下降局面にある場合

前項とは逆に，固定金利を選択することになる。

現在の高金利が一貫して将来にまでわたり適用されるためにほかならない。

一方，資金を借りる側（お金を調達する側）からみると，金利上昇期には固定金利が，下降期には変動金利が有利になる。

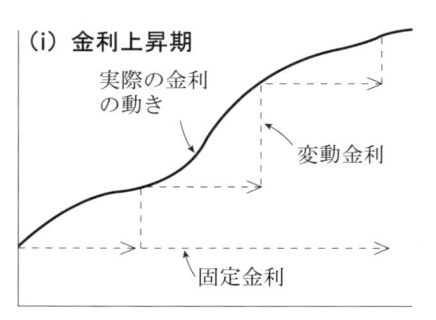

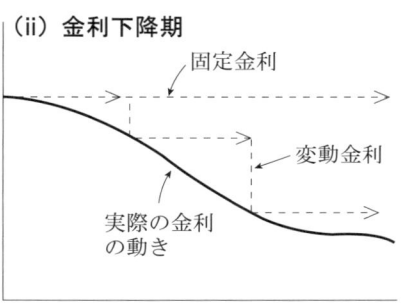

(i) 金利上昇期

実際の金利の動き
変動金利
固定金利

(ii) 金利下降期

固定金利
変動金利
実際の金利の動き

第2部：金利計算のための基礎知識

32 インカムゲインとキャピタルゲイン

金融商品の購入，運用に伴う収益の源泉としてインカムゲインとキャピタルゲインがあるといわれますが……。

Point

基本的には金融商品での資金運用に伴い，定期的に利息の支払いが行われる場合，その利息収入を"インカムゲイン"と呼ぶ。ただし，途中で発生する利息が自動的に再運用され，満期時に元利金が一括して支払われるもの（期日指定定期，ビッグ，ワイド等）もあるが，これも元をただせば収益部分はインカムゲインである。

これに対し，金（きん）や不動産などは購入，運用しているだけでは一切利息は付かない。これらの商品は，買った値段に比べてより高い値段で売却したときに初めて益が出る。つまり値上がり益だが，これが"キャピタルゲイン"と呼ばれるものである。

金融商品は以上のような収益の源泉で区分すれば，①インカムゲインのみ，②キャピタルゲインのみ，③インカムゲインとキャピタルゲインから成る——の3種類の商品がある。

解 説

(1) インカムゲイン

たとえば銀行預金を考えてみよう。預金にお金を預け入れた人にとっては，預け入れ期間中は定期的に（普通預金は年2回，1年定期だと満期日に）利息を受け取る。

これを"インカムゲイン"と呼ぶ（利息が毎回一定であるかどうかは問わない）。インカム（定期的な収入，所得→利子，利息），ゲイン（収益）の意味である。

(2) キャピタルゲイン

これに対し，金融商品を保有（資金を運用）していても，定期的な利子は一切なく，購入価格に比べ時価が高いときに売却して，初めて収益が発生するというものがある。代表的なものは不動産，金（きん），絵画，小豆，ゴムといった商品である。

このような収益（値上がり益）を"キャピタルゲイン"と呼ぶ。キャピタル（資本→資産価値），ゲイン（収益）という意味である。

(3) 収益の源泉によって安定性が規定される

以上のうち，インカム（利子）にはマイナスはあり得ないので，常にインカムゲインの状態。これに対し，キャピタル（資産価値→市場価格）は基本的に上下動を示すので，値下がりも当然あり得る。つまり，キャピタルロスもあり得るわけだ。

つまり，インカムゲインは安定しているが，キャピタルはゲイン，ロスの双方の可能性があるため，その収益は不安定である。このため基本的にはその金融商品の収益の拠ってきたる源泉が，インカムゲインかキャピタルゲインか，あるいはその双方から成っているのかによって，その金融商品の収益の安定性（安全性）が規定される。

なお，このほかにインカムゲイン（利息）の再投資によって生ずる収益を孫利息と呼ぶが，インカム，キャピタルのほか孫利息を加えて，金融商品の3つの収益の源泉とする考え方もある。

●収益源泉別による金融商品分類●

インカムゲインのみ	銀行預金，郵便貯金，貸付信託，金銭信託，ビッグ，ワイドなど
キャピタルゲインのみ	金（きん），銀，白金，不動産（賃貸収入を除く），小豆，ゴム，絵画，骨董品，債券（割引債）など
インカムゲインとキャピタルゲイン	債券（利付債），株式（配当と値上がり，値下がり）など

33 拘束預金がある場合の実効金利の考え方

企業が銀行等から資金を借り入れるときには，その借入金の一部を当該銀行等の預金口座に一定期間据え置くことが求められることが多いのですが，この場合に借り手の企業が負っている実質的なコストはどのように計算するのでしょうか。

Point

拘束預金が要求される場合は，「借入金利＞預金金利」という関係にあるため，実質的な借入コストは表面上の借入金利を上回る。これを"実効金利"という。

解説

(1) 実効金利の計算方法

企業が金融機関から借入れを行う場合には，長年にわたって歩積み，両建てという形で貸出の一部を預金として拘束されることが慣例になっていた。しかし，これは金融機関の側が優位な立場を利用して，借入者である企業などに対して表面金利以上の借入コストを負担させることになるという理由で自粛することになっている。

しかし現実には，とくに中小企業が銀行などから借入れを行う場合には，いまでも借入金の一部を預金として拘束されるのが一般的である。拘束という以上，一定の期間は引き出すことができない。

もちろんこの場合，企業にとってみれば借入金利よりも預金金利の方が低い。

たとえば5％で借り入れて，そのうちの一部を3％の預金で拘束されてしまうと，実質的な借入コストは5％を超える。

この場合，実質的な借入金利（コスト）を"実効金利"と呼ぶ。この実効金利は次の式で算出される。

$$実効金利 = \frac{借入利息 - 受取預金利息}{借入金額 - 拘束預金} \times \frac{365}{期間}$$

つまり、ある金額の預金が拘束されるということは、実際に使える金額は「借入金額－拘束預金」となる。

これに対して、実際に支払うべき利息は「借入利息－受取預金利息」で計算できる。

(2) ケーススタディ

Q ある企業が銀行から年利2.8%で2,000万円借り入れたが、このうち500万円を年利1%の1年定期預金に預けた（拘束された）。この場合の当初1年間の実効金利はいくらか。

$$実効金利 = \frac{20,000,000 \times 2.8\% - 5,000,000 \times 1\%}{20,000,000 - 5,000,000} \times 100 = 3.4\%$$

歩積み、両建て……金融機関が手形割引で企業に貸出を行う場合に、その一定の割合を普通預金などに積み立てさせる預金のことを歩積み預金という。これは手形割引に際しての担保という性格があることから、自由に引き出すことはできないのが普通だ。

一方、両建預金とは手形割引以外の貸出で、その貸出金の一部を預金として拘束するもの。

いずれも自粛することになっているが、現実にはこれに類似する拘束預金が存在する。

34 貯蓄商品と税制のしくみ

金利感覚を正しく養うには，税制というフィルターを通して利回りを考えるということが重要なことはわかります。現在の貯蓄商品全般にわたる税制の体系は，どのような形で把握することができるでしょうか。

Point

税制を鳥瞰的に理解するには，①税制（課税項目）の種類，②それぞれの課税項目がどの金融商品のどの収益に適用されるか，③非課税制度の内容はどうか──の3つのポイントがある。通常の金融商品では，その収益に対する課税項目は1種類だが，外貨建て商品や債券などでは収益源が2種類あるため，それぞれ異なった課税が行われることになる。

解説

わが国の税制は，元来総合課税が基本になっている。総合課税とは，ある個人が一定期間内に得たあらゆる所得を合算し，その所得総額に対して一定の税率で課税するものである。

ただし，いちがいに"所得"とはいっても，その種類はいろいろあるので現実には源泉分離課税や各種の非課税制度が設けられている。源泉分離課税とは読んで字のごとく，他の所得からは分離して，当該所得にのみ単独で課税され，これだけで課税関係は一切終了するという制度である。

また身体障害者等についてはマル優，特別マル優，郵貯非課税制度[※]といった非課税制度の適用がある。

	課税(非課税)項目	対象金融商品	摘要	
貯蓄税制 — 非課税扱い	郵便貯金非課税※	あらゆる郵便貯金（住宅積立貯金を含む）	合計350万円以下	身体障害者等についてだけ適用
	マル優制度（少額貯蓄非課税制度）	①貸付信託，金銭信託 ②利付債，公社債投信等 ③預貯金	合計350万円以下（債券は額面ベース）	
	特別マル優制度（少額公債非課税制度）	利付国債，公募地方債	合計350万円以下（額面ベース）	
	雑所得扱いの非課税	外貨預金の為替差益 利付債の償還差益	他の雑所得と合わせ年間20万円以下（ただし年収2000万円以下の給与所得者のみ）	
	譲渡所得の非課税	地金型金貨 金地金	売買益が年間50万円までは非課税	
	一時所得の非課税	一時払い養老保険（期間5年超），積立ファミリー交通傷害保険	年間50万円までの収益は非課税（特別控除）	
	財形貯蓄非課税制度	①貸付信託，金銭信託 ②利付債，公社債投信等 ③預貯金 ④財形保険	合計550万円以下（債券は額面ベース）	
貯蓄税制 — 課税扱い	20％源泉分離課税	金融商品，金融類似商品とされるあらゆる貯蓄		
	割引債の源泉分離課税（18％）	割引国債，割引金融債 割引短期国債	限度なし	

※郵貯非課税制度は廃止されているが，平成19年9月以前に預けている非課税の郵便貯金は預入期間等が経過するまでの間は非課税。

35 短期金利商品の分類

金利商品を期間別に分類すると，短期・中期・長期商品があるといわれます。このうち短期商品にはどのようなものがあるでしょうか。

Point

普通，満期までの期間が1年以下の商品は短期商品と呼ばれる。もっとも，この"1年"には根拠があるわけではなく，慣行上そう呼ばれているにすぎない。また，満期がない商品も種々あるが，これらの商品については，以下実際に"短期間"運用するとの前提のもとで利用される商品についてのみ取り上げよう。

解 説

（1）期間1ヵ月未満

最も期間が短いものとしては，半日物コールがある。これは文字通り半日のうちに決済される取引。

コール取引とは，主として金融機関相互間できわめて短期の資金のやり取りをするための取引である。ほかに無条件物〜7日物および2週間物，3週間物がある。

銀行間の手形取引では，このほか1ヵ月物があげられる。

企業が参加できる取引としては，債券現先，CD現先がある。これらは1年以内（債券現先），6ヵ月以内（CD現先）であれば，売買当事者間で自由に期間を定めることができるが，最近では1ヵ月以内の取引が多い。

普通預金，通知預金，通常貯金もこの期間に該当する商品だとみてよい。

(2) 1ヵ月超6ヵ月以下

　金融機関間の取引（インターバンク取引）では，手形取引がこれに該当する。

　預金取引は3ヵ月，6ヵ月定期等がある。また〈1ヵ月未満〉で取り上げた債券現先，CD現先がこの期間で取引されることも多い。

　債券についてみれば，割引短期国債がある。

　外貨預金についても，国内円預金と同様に3ヵ月，6ヵ月満期で定期預金を組むことができる。

(3) 6ヵ月超1年以下

　この期間の商品はそう多くはない。銀行預金についてみれば，1年定期がこの期間内における代表的商品だろう。

　このほか，期間1年で発行される割引金融債をあげることができる。これはクーポンが一切付かないかわり，額面から比較的大きく割り引かれた価格で発行されるものである。また，定額貯金もこの期間内の商品として利用されることもよくある。

　以上のような商品のほか，既発債には満期までの期間がさまざまな銘柄が数多くあり，ニーズに応じて自由に選択することができる。既発債のうち，とくに1年以下の銘柄は短期債あるいは期近債（きぢかさい）と呼ばれる。

36 代表的な中・長期商品

期間が1年を超える商品は，普通，中・長期商品と呼ばれることが多いようですが，代表的な商品としては，何がありますか。

Point
金融商品は通常1年以下を短期商品，1年超5年以下を中期商品，5年超のものは長期商品と呼ぶのが一般的である。

解説

(1) 満期の定めがあるもの

　銀行預金では期間2年〜5年の定期預金と，期間3年が限度の期日指定定期預金が代表的なものである。前者は満期が決まっているが，後者は1年据え置いた後なら1ヵ月以上前に通知することで自由に解約日を指定することができる。

　貸付信託の2年物，5年物および5年物ビッグも一応満期があるということではこれに該当する。

　一方，債券ではどうだろうか。期間2年，5年の中期利付国債，5年の利付金融債をあげることができる。これらの債券は，償還期限が決められているので，一応満期があるという言い方ができるが，満期前に自由にいつでも売却することができるという意味からは，より流動性が高いとみることができる。

　さらに長いものでは，事業債（6年，7年，10年，12年），転換社債（6年，8年，10年，12年，15年），長期国債（6年，10年），超長期国債（15年，20年，30年），公募地方債，政府保証債（いずれも10年）

がある。また，海外のゼロ・クーポン債では30年以上といった満期までの期間がきわめて長い債券もある。

このほか，郵便局の定額貯金では一応満期までの期間は10年というきまりがある。ただし，その後据え置いたままだと，通常貯金の利息が付く。これは，銀行の定期預金と全く同じ扱いである。

(2) 満期の定めがないもの

金銭信託の5年以上ものがこれに該当すると考えてよい。一応5年後の元利合計計算をすることになるが，それ以上継続して預け入れておくことも自由にできる。

金融機関が取り扱う商品で，満期の定めがないものは少なく，中・長期の主要商品では金銭信託くらいのものである。

一方，証券会社の取り扱い商品では，この項目にあたる商品が多くある。たとえば代表的なものは株式だが，これは当該企業が存続している限り，いつまでも保有していることができる。あるいは，MRFやMMFなど多くの公社債投資信託には満期の定めはない。

(3) 固定金利の中・長期商品

銀行預金では，定期預金がすべて固定金利商品である。また，郵便貯金もすべて金利は確定している。

債券も，国内のものに限れば固定金利商品（個人向け国債のみは変動金利）。発行当初定められたクーポン（表面利率）は満期まで一切変動することはない。

(4) 変動金利の中・長期商品

基本的に信託銀行が取り扱う商品がこれに該当する。すなわち金銭信託，貸付信託，ビッグ（以上は半年ごとに利回りを見直す）がある。

37 新金融商品の把握

昨今は，数ヵ月に1つくらいの割合で新しい金融商品が創設，販売されています。このなかには，従来からの金融機関取り扱い商品とは基本的に異なる商品設計がされているものが多いようです。これらの主要金融商品全体を総括的に把握するためにはどんな方法があるでしょうか。

Point

金融商品の分類方法（項目）としては，以下の点が考えられよう。

① 満期が定められているか否か
② 満期の定めのある場合は，短期・中期・長期のうちどれに分類されるか
③ 金利は固定か変動か
④ 単利運用か複利運用か
⑤ 利回りは単利表示か複利表示か，さらには年平均回りで示されることがあるかどうか
⑥ 利回りは規制的に決められているのかそれとも自由性金利か
⑦ 元本保証はあるかどうか
⑧ 利息相当分に対する課税項目はどうか
　このほか,
⑨ 障害者等に適用される非課税制度の適用はどうか
⑩ 預入最低単位，付利単位はどうか
⑪ 譲渡は可能か
⑫ 中途解約の可否
⑬ 担保としての機能はあるかどうか
⑭ 運用は円貨か外貨か
　——等である。

つまり，あらゆる金融商品はこれらの属性の組み合わせである。

解 説

金融商品の分類一覧

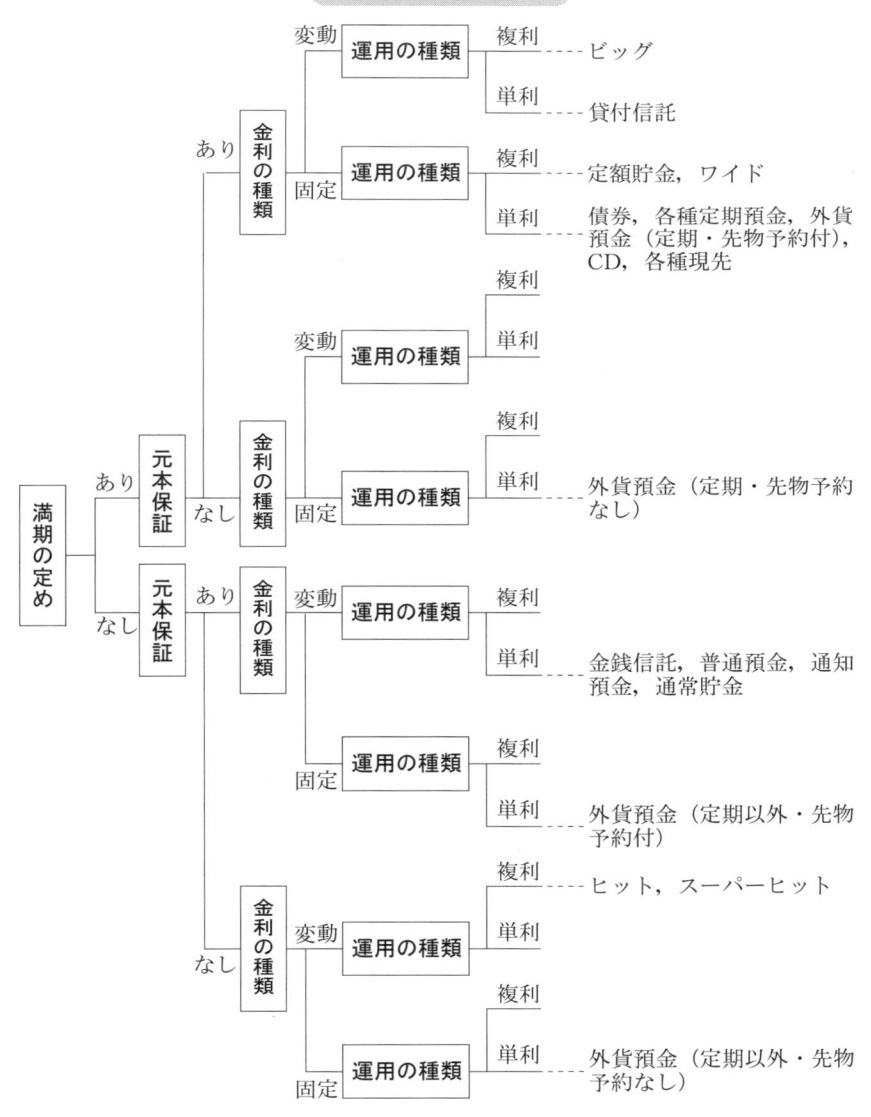

満期の定め
- あり
  - 元本保証 あり
    - 金利の種類
      - 変動 → 運用の種類
        - 複利 …… ビッグ
        - 単利 …… 貸付信託
      - 固定 → 運用の種類
        - 複利 …… 定額貯金，ワイド
        - 単利 …… 債券，各種定期預金，外貨預金（定期・先物予約付），CD，各種現先
  - 元本保証 なし
    - 金利の種類
      - 変動 → 運用の種類
        - 複利
        - 単利
      - 固定 → 運用の種類
        - 複利
        - 単利 …… 外貨預金（定期・先物予約なし）
- なし
  - 元本保証 あり
    - 金利の種類
      - 変動 → 運用の種類
        - 複利
        - 単利 …… 金銭信託，普通預金，通知預金，通常貯金
      - 固定 → 運用の種類
        - 複利
        - 単利 …… 外貨預金（定期以外・先物予約付）
  - 元本保証 なし
    - 金利の種類
      - 変動 → 運用の種類
        - 複利 …… ヒット，スーパーヒット
        - 単利
      - 固定 → 運用の種類
        - 複利
        - 単利 …… 外貨預金（定期以外・先物予約なし）

第3部
貯蓄型金融商品の利回り・利息計算法

38 定期預金の利回り計算・元利合計

3ヵ月，6ヵ月，1年定期預金といった，従来からあるオーソドックスな定期預金の利回り計算・元利合計の求め方については，どのように考えればいいのでしょうか。

Point

これらはいずれも，最も基本的な単利の考え方によって算出することができる。かろうじて問題になるのは，年利で示されている利回りを，満期までの期間あたりの利回りに引き直すためにはどうすればよいか，という点のみである。

解説

(1) 1回きりの運用の場合

非常に基本的なことであるが，年利5.0%の1年定期預金に100万円預け入れると，5万円の利息が付き，1年後の元利合計金額は105万円になるだけのことである。

では，3ヵ月定期（年利3.0%）や6ヵ月定期（同4.25%）の場合はどう考えればよいのだろうか。

〈3ヵ月定期の場合〉

元金を100万円とする。年利が3.0%であるということは，1年間預け入れれば利息が3万円つき，元利合計が103万円になるということを意味する。ところが3ヵ月定期では，満期までの期間はあくまで"3ヵ月"である。つまり，「1年間の利息が3万円である場合，3ヵ月ではいくらか」ということになる。

この場合，1ヵ月を1つの単位として期間を考えてよい。つまり3ヵ月は1年（12ヵ月）の12分の3であると考えるわけだ。

このため，3ヵ月後に付く利息は3万円の12分の3（4分の1）であ

る7,500円となる。

〈6ヵ月定期の場合〉

3ヵ月定期預金と同様，1ヵ月単位で期間計算が行われる。

100万円の元金を4.25％で1年間運用したと仮定した場合の利息は4万2,500円になる。このため，6ヵ月では4万2,500円の12分の6にあたる2万1,250円の利息が付くことになる。

つまり，こうした定期預金計算の一般式は次のようになる。

- - - ● 1年以下の定期預金（一般式）● - - - - - - - - -

利息 ＝ 元金 × $\dfrac{年利率(\%)}{100}$ × $\dfrac{n}{12}$

　n…期間（月数），3ヵ月定期＝3，6ヵ月定期＝6，1年定期＝12

上の式を展開すると，利息から年利率を計算する式が得られる。

年利率(％) ＝ 利息 × $\dfrac{100}{元金}$ × $\dfrac{12}{n}$

- -

ケース1

6ヵ月定期預金に30万円の元金を預け入れたところ，6ヵ月満期時に利息が7,500円付いた。さて，利率はいくらだったのか。

この場合は，利息がわかっていて利率を求めるわけだから，式②にあてはめて計算することができる。

年利率（％）＝ 7,500 × $\dfrac{100}{300,000}$ × $\dfrac{12}{6}$ ＝ 5（％）

(2) 継続（自動継続）して運用する場合

定期預金は1回きりの運用のほか，最初に元金を預け入れる際に，満期になった時点で再び同種の定期預金を組んでいくという，自動継続扱いとすることもできる。

この場合には，満期日が到来するたびにその時点での元利金合計が確定し，その元利金合計が再び元金とみなされて，新たに定期預金で運用

されることになる（元加式の場合）。つまり，一定期間ごとに（1年定期は1年ごとに）元本が見直されることになるため，結果的には，運用は複利で行われることになる。

たとえば，100万円を1年定期（年利5％）に預け入れ，以降1年定期による自動継続扱いとした場合，利率が今後一切変わらないとすると，1年ごとの元利金合計は次のようになる。

1年後：$1,000,000 + \left(1,000,000 \times \frac{5.0}{100} \times \frac{12}{12}\right) = 1,050,000$ 円

2年後：$1,050,000 + \left(1,050,000 \times \frac{5.0}{100} \times \frac{12}{12}\right) = 1,102,500$ 円

3年後：$1,102,500 + \left(1,102,500 \times \frac{5.0}{100} \times \frac{12}{12}\right) = 1,157,625$ 円

4年後：$1,157,600 \times \left(1,157,600 \times \frac{5.0}{100} \times \frac{12}{12}\right) = 1,215,480$ 円

（注……3年後の元利合計のうち25円は付利の対象とはならず──定期預金の付利単位は100円であるため──1年間は無利息のまま持ち越される）

　　　　$1,215,480$ 円 ＋ 25 円 ＝ $1,215,505$ 円

（注……付利された上での元利金合計と1年前から無利息のまま持ち越された端数（付利単位未満）を加えた額がその時点での元利合計）

5年後：$1,215,500 \times \left(1,215,500 \times \times \frac{5.0}{100} \times \frac{12}{12}\right) = 1,276,275$ 円

　　　　$1,276,275$ 円 ＋ 5 円 ＝ $1,276,280$ 円

以上の計算が繰り返され，1年ごとの元利合計が確定していく。

ここでは，1年ごとに付利単位未満の金額を切り捨てたうえで，次回の利息計算が行われることになるが，この付利単位未満の金額切り捨てを一応無視して，概数計算を行うことはできる。

この場合は，通常の複利計算式を用いることができる。

┌─ ●自動継続定期預金の概数計算（一般式）● ─────────┐
│
│   元利金合計＝元金×$\left(1+\dfrac{利率(\%)}{100}\times\dfrac{n}{12}\right)^y$
│
│   n…期間（月数），3ヵ月定期＝3, 6ヵ月定期＝6, 1年定期＝12
│   （ただし2年定期の場合を除く）
│   y…複利運用回数，6ヵ月定期を3年間継続した場合にはy＝6
│
└─────────────────────────────────┘

　以上はすべて，今後利率が変動しないと仮定した場合の計算だが，実際に利率の変更があったときには，その時点での新たな利率を用いることになる。その意味では，定期預金そのものは固定金利であるが，自動継続定期預金という商品を全体としてみた場合には，変動金利であると考えてさしつかえない。

●該当金融商品●─────────────────────────
　1ヵ月・3ヵ月・6ヵ月・1年スーパー定期（ニュー定期），自動継続定期預金など

39 期日指定定期の計算

同じ定期預金でも1年以下の期間のものとは違い、期日指定定期では複利の考え方によらなければならないと聞きましたが……。

Point

最長期間が3年の期日指定定期は、満期までの期間が長く、途中で利息が発生する。このため、この利息も再運用の対象となり、実質的には複利運用されることになる。

解説

期日指定定期預金は、1年経過後だと、いつでも満期日を指定できるという商品である。満期日の指定は、その満期日の1ヵ月前の応答日以前に通知する必要がある。

利息の計算に適用される利率は、指定満期日までの期間により、次のように異なる。

・1年以上2年未満……1年定期預金利率
・2年以上3年以内……2年定期預金利率

いずれの場合においても、複利の考え方に基づいて運用される。

ケース1　1年以上2年未満で解約した場合

元金100万円を次のような条件で預け入れた場合を考えてみよう。
預入日：3月10日
指定満期日：翌年4月20日（期間は1年と41日……片端入れ計算）
適用利率：4.75%
この場合、次のような付利方法によって利息計算が行われる。

・1年目の利息　$1,000,000 \times \dfrac{4.75}{100} = 47,500$ 円

・1年超（41日間）の利息　$1,047,500 \times \dfrac{4.75}{100} \times \dfrac{41}{365} = 5,589$ 円

　　　　　　　　　　　　　　　　　　　　　　　（円未満切り捨て）

・利息の合計　47,500 円 ＋ 5,589 円 ＝ 53,089 円

●期日指定定期（1年以上2年未満で解約）（一般式）●

$$\text{利息} = \left(\text{元金} \times \frac{\text{適用利率}}{100}\right) + \left\{\text{元金} + \left(\text{元金} \times \frac{\text{適用利率}}{100}\right)\right\} \times \frac{\text{適用利率}}{100} \times \frac{\text{1年超の日数}}{365}$$

ケース2　2年以上3年以内で解約した場合

元金を100万円として、次のように預入日，満期日を指定した場合について考えてみよう。

預入日：3月10日

指定満期日：翌々年4月20日（期間は2年と41日……片端入れ計算）

適用利率：5.00%

・1年目の利息　$1,000,000 \times \dfrac{5.00}{100} = 50,000$ 円

・2年目の利息　$(1,000,000 + 50,000) \times \dfrac{5.00}{100} = 52,500$ 円

・2年超（41日間）の利息

$(1,000,000 + 50,000 + 52,000) \times \dfrac{5.00}{100} \times \dfrac{41}{365} = 6,192$ 円

したがって，この間の利息合計は次のようになる。

利息＝ 50,000 ＋ 52,500 ＋ 6,192 ＝ 108,692 円

●期日指定定期（2年以上3年以下で解約）（一般式）●

利息 = $\left(元金 \times \dfrac{適用利率}{100}\right) + \left\{\left(元金 + 元金 \times \dfrac{適用利率}{100}\right) \times \dfrac{適用利率}{100}\right\}$

$+ \left[元金 + \left(元金 \times \dfrac{適用利率}{100}\right) + \left\{\left(元金 + 元金 \times \dfrac{適用利率}{100}\right)\right.\right.$

$\left.\left.\times \dfrac{適用利率}{100}\right\}\right] \times \dfrac{適用利率}{100} \times \dfrac{2年超の日数}{365}$

ここで $\left(元金 \times \dfrac{適用利率}{100}\right) = $ R と置けば次のようになる。

利息 = R $+ \left\{(元金 + R) \times \dfrac{適用利率}{100}\right\} + \left[元金 + R + \right.$

$\left.\left\{(元金 + R) \times \dfrac{適用利率}{100}\right\}\right] \times \dfrac{適用利率}{100} \times \dfrac{2年超の日数}{365}$

一切満期日を指定しない場合には，3年目が自動的に満期日となり，利息は次のようになる。

・1年目の利息　$1,000,000 \times \dfrac{5.00}{100} = 50,000$ 円

・2年目の利息　$(1,000,000 + 50,000) \times \dfrac{5.00}{100} = 52,500$ 円

・3年目の利息　$(1,000,000 + 50,000 + 52,500) \times \dfrac{5.00}{100} = 55,125$ 円

利息合計＝ $50,000 + 52,500 + 55,125 = 157,625$ （円）

●該当金融商品●────────────────────
期日指定定期預金

40 普通預金等の利息計算法

普通預金のように，毎日にでも預入残高が変わる可能性のある預金については，どのような利息計算法がとられているのでしょうか。

Point

理論的には，当日の残高に対して，年利率を日歩に換算した利率を乗じることで毎日付利されると仮定し，その累計額を年2回に分けて（通常は2月と8月）支払うと考える。ただし，この方法は事務が煩雑になるため，現実には3つの方法が考えられる。①日積数計算，②見越し利息による計算，③経過利息による計算，である。

解 説

（1）日積数計算

日積数とは毎日，その日の残高を順次累計していくことによって求めることのできる数値である。

ケース1

たとえば，次頁の表のように残高が増減したとしよう。この場合，この10日間の日積数は520,000円となる。

一方，この10日間における1日平均の残高が52,000円であるわけだが，520,000円を1日だけ預入したと考えてもよいわけである。そうすれば，利率が1.0％の場合，次式によってこの10日間の利息を計算することができる。

$$利息 = 520,000 \times \frac{1}{365} \times \frac{1}{100} = 14.246 （円）$$

●日積数による計算●

	当 日 残	千円未満切り捨て	日 積 数
1日目	23,100 円	23,000 円	23,000 円
2	23,300	23,000	46,000
3	23,300	23,000	69,000
4	45,300	45,000	114,000
5	50,500	50,000	164,000
6	50,500	50,000	214,000
7	72,200	72,000	286,000
8	72,200	72,000	358,000
9	81,600	81,000	439,000
10	81,600	81,000	520,000
1日平均	—	52,000	—

　このように，1日平均という考え方ではなく，日積数による計算が行われるのは，1日平均残高は利息締切日まで確定しないのに対し，日積数によると毎日データを更新していくうえで便利であるためだと考えられる。

　現在，コンピュータ処理による普通預金等の利息計算では，これが最もポピュラーな方法である。

(2) 見越し利息による計算

　見越し利息とは，その日の残高が利息締切日まで維持されると仮定した場合，その利息締切日までに当然付利される利息の額をさし示す。

　このため，この方法で付利するためには，利息締切日があらかじめ決まっていることが必要である。具体的には，残高が増減するたびに，その増減額と締切日までの日数を基準に見越し利息を計算し，前日の見越し利息に加減することになる。

ケース2

　〈ケース1〉と同様の残高で推移していったと仮定しよう。以下では，

● 見越し利息による計算 ●

	千円未満切捨て当日残高	同左増減額	締切日までの日数	見越し利息の増減額	見越し利息の累計額
1日目	23,000 円	23,000 円	10 日	6.301 円	6.301 円
2	23,000	—	—	—	—
3	23,000	—	—	—	—
4	45,000	22,000	7	4.219	10.520
5	50,000	5,000	6	0.821	11.341
6	50,000	—	—	—	—
7	72,000	22,000	4	2.410	13.751
8	72,000	—	—	—	—
9	81,000	9,000	2	0.493	14.244
10	81,000	—	—	—	14.244

注1. 締切までの日数は両端入れ
 2. 見越し利息増減の計算例（4日目の分）
$$22{,}000 \times 7 \times \frac{1}{365} \times \frac{1.0}{100} \fallingdotseq 4.2191781\cdots\cdots$$
 3. 見越し利息の増減額は円未満4桁目以下を切り捨て

10日目の最終日を利息締切日とする。
　見越し利息は，上の表のようになる。

（3）経過利息による計算

　見越し利息による計算では，利息締切日をあらかじめ決めておく必要があることは，前に説明した通りである。これに対し，締切日に関係なく常に残高の変動があった場合に，当日までの利息を計算しておくという方法がある。

　この方法は，当日の残高が次の残高変動がある前日まで預入されており，次の残高変動があった場合は，さらにその次の残高変動がある前日まで付利されるという考え方に基づくものである。

　このため，残高変動があるたびにその前日までの経過利息が計算される。

●経過利息による計算●

	千円未満切捨て当日残高	次回取引日までの日数	次回取引日前日までの経過利息	経過利息の累計額
1日目	23,000 円	3 日	1.890 円	1.890 円
2	23,000	—	—	—
3	23,000	—	—	—
4	45,000	1	1.232	3.122
5	50,000	2	2.739	5.861
6	50,000	—	—	—
7	72,000	2	3.945	9.806
8	72,000	—	—	—
9	81,000	2	4.438	14.244
10	81,000	—	—	—

注1. この例では11日目に利息精算すると仮定したため，9日目の日数は1日分余分に計上してある。

2. 次回取引日前日までの利息額の計算例（1日目の分）

$$利息 = 23{,}000 \times 3 \times \frac{1}{365} \times \frac{1.0}{100} = 1.890 \text{（4桁目以下切り捨て）}$$

ケース3

〈ケース1，2〉と同様の取引が行われたと仮定した場合には，上の表のように経過利息が計算され，その経過利息が累計されて最終的に利息額が確定することになる。

毎日のように残高が変更する普通預金等では，主として以上のような方法で利息計算されるのが普通である。なかでも，日積数計算，見越し利息による計算の方法で行われているケースが多いようだ。

これらのいずれの付利計算方法も，もとを正せば全く同じ考え方に基づくものであるといえよう。にもかかわらず，利息額に多少差が出てくるのは，計算のプロセスが異なるためである。つまり円未満4桁目以下を切り捨てるという操作が途中で行われるためだ。

●該当金融商品●

普通預金，当座貸越し，通常貯金，社内預金（出し入れ自由な場合）

41 複利運用型の積立式貯蓄の計算

積立式貯蓄のなかでも，複利運用が行われる場合には，どのような計算によればいいのでしょうか。

Point

各回において払い込まれたお金が，それぞれ満期まで複利運用された場合の累計額が，最終的な元利合計になると考える。

この場合も，定期的にかつ一定額ずつが払い込まれることが前提になる場合には，一般式を立てることができる。

解説

（1）各回積立金が同額，かつ利率が変動しない場合

ケース1

期間1年の定期預金を毎年同じ期日に10,000円ずつ5回預け入れていった場合には，当初預け入れ日からちょうど5年目には，元利金合計はいくらになるかを考えてみる。仮りに，年利率は5.0%で，今後一切変動はないとする。

●複利式積立貯蓄の基本型●

年・月・日	回　数	払込金額	満期までの年数	当該払込金の元利合計
		円	年	円
'01・3・10（起算日）	1	10,000	5	$10,000 \times (1+0.05)^5$
'02・3・10	2	10,000	4	$10,000 \times (1+0.05)^4$
'03・3・10	3	10,000	3	$10,000 \times (1+0.05)^3$
'04・3・10	4	10,000	2	$10,000 \times (1+0.05)^2$
'05・3・10	5	10,000	1	$10,000 \times (1+0.05)^1$
'06・3・10	（満期）	—	—	—

```
                                    →10,000(1+5.0/100)⁵──→
                          →10,000(1+5.0/100)⁴──→
                    →10,000(1+5.0/100)³──→
                 →10,000(1+5.0/100)²─→
                   →10,000(1+5.0/100)¹→

 '01・3・10   '02・3・10   '03・3・10   '04・3・10   '05・3・10   '06・3・10
                                                          （満期）
```

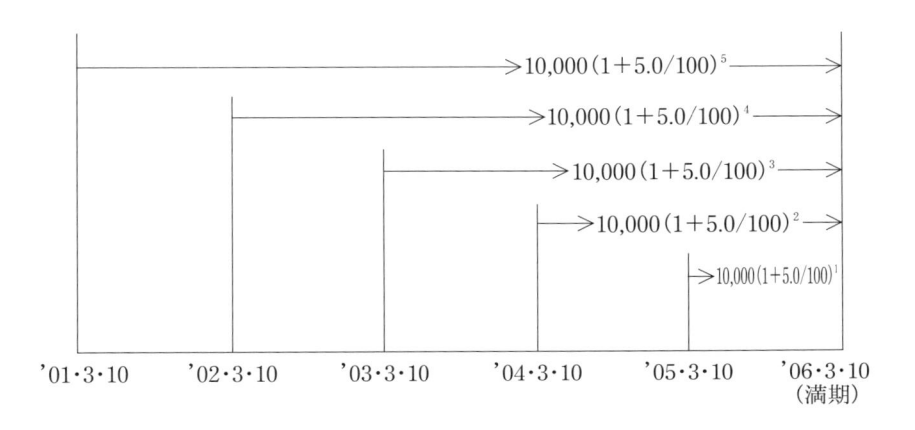

つまり，5年後の元利合計は，次の式によって求められる。

元利合計＝$10{,}000 \times (1+0.05)^5 + 10{,}000 \times (1+0.05)^4 + 10{,}000 \times (1+0.05)^3$
$\qquad\qquad + 10{,}000 \times (1+0.05)^2 + 10{,}000 \times (1+0.05)^1$
$\qquad= 58{,}019$（円）

このような項がまだ2つや3つなら計算は短時間ですむが，5つ以上になれば面倒になる。

このため次のような一般式を用いるのが便利である。

$$a \times (1+b)^n + a \times (1+b)^{n-1} + \cdots\cdots + a \times (1+b)^2 + a \times (1+b)^1$$
$$= a \times \left\{ \frac{(1+b)^{n+1} - 1}{b} - 1 \right\}$$

注．上記式中 $(1+b)^n + (1+b)^{n-1} + \cdots + (1+b)^2 + (1+b)^1 \to \left\{ \dfrac{(1+b)^{n+1}-1}{b} - 1 \right\}$ の部分は等比級数の和の公式（41ページ参照）によるもの。

したがって，上記のような複利運用方式による定期的な積み立て式の貯蓄の一般式は次のようになる。

第3部：貯蓄型金融商品の利回り・利息計算法

●複利式定期積立の計算式（一般式）●

・1年ごとの積立て

元利合計＝1回の積立額
$$\times \left\{ \frac{(1+年利率/100)^{積立回数+1}-1}{年利率/100} - 1 \right\}$$

・1ヵ月ごとの積立て

元利合計＝1回の積立額
$$\times \left\{ \frac{\{1+年利率/(100\times 12)\}^{積立回数+1}-1}{年利率/(100\times 12)} - 1 \right\}$$

ケース2

　毎年一定の期日に定期的に一定額を1年定期預金へ預け入れていった場合，当初預入期日からちょうど10年後に100万円の元利合計を得ることを目標にする。預入回数は10回。

　このときには，毎回（毎年）いくら預け入れていけばよいか。年利率は5.0％で今後10年間は一切変わらないとする。

　これは，上の一般式に所定の数値を代入することで簡単に求めることができる。

$$1{,}000{,}000 = x \times \left\{ \frac{(1+5.0/100)^{10+1}-1}{5.0/100} - 1 \right\}$$

$1{,}000{,}000 = 13.206787x$

$x = 75{,}718.644\cdots\cdots$

　つまり毎年7万5,800円ずつ1年定期預金に預け入れていけばよいことになる（定期預金の最低付利単位は100円）。

ケース3

　毎月決まった期日に1万円ずつ預入していった場合，元利金合計が100万円を超えるのは，当初預け入れを実行した月から何ヵ月目になるだろうか。年利率は5.0%。一切変動なしとする。

　〈ケース2〉と同様，一般式に機械的に数値を代入するだけで答を求めることができる。

$$1{,}000{,}000 = 10{,}000 \times \left[\frac{\{1+5/(100\times12)\}^{n'}-1}{5/100\times12} - 1 \right]$$

$$\frac{(1+5/1{,}200)^{n'}-1}{5/1{,}200} - 1 = 100$$

$$(1+5/1{,}200)^{n'} = (101 \times 5/1{,}200) + 1$$
$$= 1.4208333$$

$$n' \log(1+5/1{,}200) = \log 1.4208333$$

両辺の対数をとると，

$$n' = \frac{\log 1.4208333}{\log 1.0041667} = \frac{0.1525431}{0.0018058}$$

$$n' = 84.473972$$

　ここでいうn'は上記一般式における（$n+1$）に相当するものだから，$n = 84.473972$となる。

　つまり，当初預け入れ月から84ヵ月（7年）で元利金合計が100万円を超えることになる（1ヵ月単位で考えるため）。

(2) 積立金額が逓増し，利率が変動しない場合

　この場合は，積立金が一定である期間ごとに，以上のような考え方で元利合計を求め，それらを合計することで，最終的な元利合計を算出できる。

ケース4

　毎年一定の期日に最初の5回は10万円，それ以降の5回は15万円ず

つ預け入れるとする。年利率 6.0％で 1 年複利運用していった場合，当初預け入れ時点からちょうど 10 年後における元利金合計はいくらになるか。

最初の 5 回と，それに続く 5 回とを，別々に計算することで解を求めることができる。

・最初の 5 回分

$100{,}000 \times (1 + 6/100)^{10} + 100{,}000 \times (1 + 6/100)^9 +$
$\cdots\cdots + 100{,}000 \times (1 + 6/100)^6$
　$= 799{,}629$（円）

・続く 5 回分

$150{,}000 \times (1 + 6/100)^5 + 150{,}000 \times (1 + 6/100)^4 +$
$\cdots\cdots + 150{,}000 \times (1 + 6/100)^1$
　$= 896{,}296$（円）

元利合計 $= 799{,}629 + 896{,}296 = 1{,}695{,}925$（円）

3. 各回積立金が一定で，利率が変動する場合

この場合は，新規預け入れ時点ごとに元利合計を確定させていくことを続けていけばよい。

ケース5

次の条件で積み立てが実行されたとする。

当　初：10,000 円　　適用利率は年 5.0％
1 年後：10,000 円　　　〃　　　5.5％
2 年後：10,000 円　　　〃　　　4.5％
3 年後：満期

この場合，各回における元利合計は以下の通り。

1 年後：$10{,}000 \times (1 + 5/100) = 10{,}500\,(+\,10{,}000)$
2 年後：$20{,}500 \times (1 + 5.5/100) = 21{,}627\,(+\,10{,}000)$
3 年後：$31{,}600 \times (1 + 4.5/100) + 27 = 33{,}049$（円）

（注．2年後の元利合計 31,627 円のうち 27 円は付利計算の対象にはせず，3年後の満期まで持ち越してある）

●該当金融商品●─────────────────────────
　定期預金（自動継続型），積立定期預金，公社債投信（積立コース）

42 年金型商品の利回り計算

一定の元本を定期的に取り崩していくという年金型の商品の計算については，どう考えればよいのでしょうか。

Point

年金のように，長期にわたり一定の元本を取り崩していく場合には，通常複利の考え方による。基本的には，取り崩された後の残額が次期取り崩し期日まで運用され，そこで再び一定額を取り崩し，残りが次期取り崩し期日まで運用されるということが繰り返されると考える。

解説

理屈のうえでは，定期的に一定額ずつを積み立てていく場合（複利運用の場合）と全く逆の考え方でよい。具体例で考えてみよう。

ケース1

当初元本を1,000万円，年利回り7.0%とし，預け入れてから1年後に最初の取り崩しを実行し，その後15年間（15回）にわたり元本を取り崩し続けていくとする。この場合，毎回の取り崩し額を一定額とするためには，1回あたりの取り崩し額はいくらにすればよいか。運用は年複利で考えることにする。

当初元本が1,000万円だから1年後（最初の取り崩し期日）には1,070万円になっている。その後の基本的な考え方は次の通りである。

毎年（毎回）取り崩す額をx（万円）とする。1年目（初回時）には1,070万円からx（万円，以下略す）を取り崩すため$(1,070 - x)$になっている。そして2年目（2回目）にはこれが$(1,070 - x) \times 1.07$になる。

ここから再び x を取り崩せば，$\{(1,070 - x) \times 1.07\} - x$ が残る。

このような操作を繰り返していくと，各回における，①取り崩し前の元本，②取り崩した後の元本——は以下のようになる。

	取り崩し前	取り崩し後
1 年目：	1,070	$1,070 - x$
2 年目：	$(1,070 - x) \times 1.07$	$\{(1,070 - x) \times 1.07\} - x$
3 年目：	$\left[\{(1,070-x)\times 1.07\}-x\right] \times 1.07$	$\left[\{(1,070-x)\times 1.07\}-x\right]\times 1.07 - x$
	⋮	⋮

このようにして，15 回目に取り崩した後の元本がゼロになるような x を求めればよい。ただ，このような考え方に基づいて 15 年目の式として示すのは，あまりにも煩雑に過ぎる。ではどうすればよいのか。3 年目の式を展開して一般式を導くことにしよう。

3 年目で預託金の全額を取り崩すと仮定した場合，次の式が成立する。

$$\left[\{(1,070 - x) \times 1.07\} - x\right] \times 1.07 - x = 0$$

この式を順次整理していくと次のようになる。

$$\{(1,070 - x) \times 1.07 - x\} = \frac{x}{1.07}$$

$$(1,070 - x) \times 1.07 = \frac{x(1+1.07)}{1.07}$$

$$1,070 - x = \frac{x(1+1.07)}{(1.07)^2}$$

$$1.070 = \frac{x(1+1.07+1.07^2)}{(1.07)^2}$$

ここで x を求める必要はない。3 年目に預託金がゼロになると仮定した場合にこの式が成立するわけだから，15 年目の場合には当然次式が成り立つ。

$$1{,}070 = x \times \frac{(1+1.07+1.07^2+1.07^3+\cdots +1.07^{13}+1.07^{14})}{(1.07)^{14}} \cdots\cdots Ⓐ$$

この式から x を求めればよいわけだが,計算が煩雑すぎる。右辺の分子は,一般式に引き直すことができる(等比級数の和の公式)。

$$\frac{1+(1+r)^1+(1+r)^2+(1+r)^3+\cdots +(1+r)^{n-1}+(1+r)^n}{(1+r)^n}$$

$$= \frac{(1+r)^{n-1}-1}{r\times (1+r)^n} = \frac{(1+r)-(1+r)^{-n}}{r}$$

したがって,式Ⓐは次のように変形できる。

$$1{,}070 = x \times \frac{(1+0.07)-(1+0.07)^{-14}}{0.07}$$

$$1{,}000 \times (1+0.07) = x \times \frac{(1+0.07)-(1+0.07)^{-14}}{0.07}$$

$$1{,}000 = x \times \frac{1-(1+0.07)^{-15}}{0.07}$$

$$x = 109.7946$$

つまり,毎月109万7,946円受け取ることができる。計15回だから総額では1,646万9,190円を手にできる。したがって,年金型の預託金取り崩し計算の一般式は次のように示すことができる。

●年金型の預託金取り崩し計算(複利):1年ごとに取り崩す場合(一般式)●

$$\frac{当初必要}{な預託金} = \frac{1回の}{取り崩し額} \times \frac{1-(1+年利率/100)^{-回数}}{年利率/100}$$

ケース2

元本を預託してからちょうど1年目に第1回目の年金を受け取り始め,その後1年ごとに定期的に100万円を受け取るものとする。向こう10回にわたり100万円ずつ取り崩すには,当初の預託金はいくらであればよいか。運用利回りは年6.8%とする。

上の一般式に所定の数値を代入し,次の式を得る(単位:万円)。

$$\text{当初必要な預託金} = 100 \times \frac{1-(1+0.068)^{-10}}{0.068} = 100 \times \frac{1-\frac{1}{(1+0.068)^{10}}}{0.068}$$

$$= 708.8977 \text{（万円）}$$

ケース3

　当初の預託金を1,200万円だとする。預託してから1年後に第1回目の年金を100万円受け取り，以降1年ごとに同じ額の年金受け取りを実行することにした場合，何年先まで年金を受給することができるか。年複利で利率は年6.0%とする。

　この場合も一般式を利用することができる（以下単位：万円）。

$$1{,}200 = 100 \times \frac{1-(1+0.06)^{-n}}{0.06}$$

$$\frac{1{,}200 \times 0.06}{100} = 1 - 1.06^{-n}$$

$$1.06^{-n} = 1 - 0.72 = 0.28$$

$$\frac{1}{1.06^n} = 0.28$$

$$1.06^n = \frac{1}{0.28} = 3.5714286$$

両辺の常用対数をとると……

$$n\log 1.06 = \log 3.5714286$$

$$n = \frac{\log 3.5714286}{\log 1.06} = \frac{0.5528419}{0.0253058} = 21.84645$$

つまり21回にわたって受け取ることができる。

● **該当金融商品** ●

一括預入式のあらゆる年金型預金など

第4部
投資型金融商品の利回り計算法

43 債券の収益性とは

債券の収益性は，預金などに比べ複雑な印象を受けますが，どのように理解すればよいのでしょうか。

Point
債券の収益構造はインカムゲイン（利息収入）とキャピタルゲイン（値上がり益）の2種類があるため，やや複雑な印象を受ける。ただ，以下のように比喩の助けを借りて理解すれば，きわめて単純明快である。

解説

(1) 比喩の助けを借りて債券を理解すると…

以下のような条件の"金券"があるとする。

①金券の記載金額は100円，②今これを手に入れるためには90円でよい，③これを持っていれば，毎年12月31日に銀行から8円の利息を受け取ることができる，④今からちょうど10年後にこの金券を銀行に持っていけば，100円の現金と引き換えることができる。

きわめて大雑把に言えば，以上が債券の収益性の最も本質的な点である。つまり，①90円投資すれば，②表示が100円の金券が手に入り，③毎年8円の利息が受け取れ，④10年後には金券と引き換えに100円が戻ってくる——と。

この間いくらの収益があがるかと言うと，80円（8円×10年）プラス10円（100円－90円）の合計90円。あるいは今90円を「預ける」と，10年後の時点では180円のお金を得ていることになる——と理解できる。

以上の比喩を債券の用語に引き直してみよう。

債券の投資収益を考える

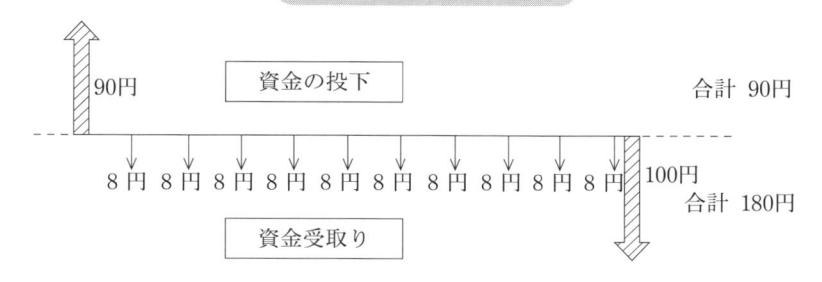

"金券"→券面。"100円"→額面金額。"90円"→債券の価格。"8円"→クーポン（表面利率）が8%。"10年"→残存期間10年。"10年後"→償還期日。つまり「クーポン8%，価格90円，残存期間が10年，額面金額は100円の債券」というわけである。

(2) 債券の収益性

では，この債券の収益性はどう考えればよいか。90円の元金が10年後までに180円になるわけだから，利息相当分は90円と考えることができる。10年間全体での利息が90円ということは，1年あたりの利息は9円であることを意味する（単利の考え方）。そして，この1年あたり利息の9円は，元金である90円からみると10%にあたる。

すなわち，この債券の年利回りは10%であるわけだ。

以上が，金融商品としての債券を考えるときの基本である。この章ではこの点に加え，次の点をも同時に理解しておきたい。

① 他の条件が同じなら，クーポン（表面利率…上の例では8%）が高ければ高いほど，収益性は高い。すなわち，満期（償還）までに定期的に受け取れる利子収入は多い（＝インカムゲイン）。

② 他の条件が同じなら，債券の価格（上の例では90円）が低いほどその債券の収益性は高い。すなわち，値上がり益とみなすことのできる収益は大きい。価格が100円以上の場合は値下がり損になる（キャピタルゲイン，キャピタルロス）。

44 債券の収益性を決める3要素

債券の収益性を決める要素は3つあるといわれますが，何ですか。

Point

"表面利率（クーポン）"，"価格"，"残存期間"を債券の3大要素と呼ぶ。クーポンは％，価格は額面100円あたりの価格（円），残存期間は年で表されるのが普通である。

これは新発債，既発債の別を問わず，たとえば長期国債は，新発債の段階ではクーポンが1.0％，価格は90円，残存期間（新発債の場合は償還年限と呼ぶ）は10年といった具合。債券の投資収益性は基本的に，この3つの要素によって決まる。

解説

預貯金などの一般の金融商品では，その収益性を決めるのはもっぱら利回りだけである。債券の場合も，利回りがその収益性を規定することは同様だが，その利回りを決めるための要素がある。クーポン，価格，残存期間がそれである。

(1) クーポン（表面利率）

たとえば，長期国債のクーポンが1.0％だったとする。これは，額面100円につき1年あたり1円の利子収入が支払われることを意味する。もっとも，国債の利子は年2回に分けて支払われるため（その期日を利払い期日と呼ぶ），1回につき0.5円相当の利子になる。当然のことながら，たとえば額面100万円だと1回につき5,000円，年間では10,000円になる。

ある銘柄に付されたクーポンは、それ以降一切変動することはない。つまり、前の例に掲げた長期国債（の銘柄）は、償還期日まで一貫して1.0%のクーポンが付いているわけだ。債券が確定利付証券とも呼ばれるのはこのためである。当然のことながら、クーポンが高いほど収益性が高いことになる。

なお、クーポンが付いている債券を"利付債"、クーポンがゼロの債券を"割引債"と呼ぶ。

(2) 価格

たとえば、価格が90円であるということは、額面100円あたり90円の価値があることを意味する。言葉を換えれば、90円の資金で額面100円の債券が購入できるということである。

当たり前のことだが、価格が低ければ低いほど、その債券の収益性は高いわけである。つまり、利回りは高くなる。

(3) 残存期間

その債券が最終的に満期を迎えるまでの期間をさす。たとえば長期国債は、発行されてからほぼ10年後が満期であるので、発行当初の残存期間は10年であるわけだ。その後、時間が経過するにつれて、9年、8年……というように、徐々に短期化することになる。

(4) 要素間の関係

債券の各銘柄が持っている以上の3要素のうち、一切変わらないものはクーポンのみ。価格は、その時々の金融情勢によって常時変動する。残存期間は、1日経過するごとに徐々に短かくなっていく。

わが国の債券市場には、現在4～5万もの銘柄があるが、これを一口で言うと「クーポン、価格、残存期間の組み合わせが異なる様々な銘柄が存在している」ということである。

45 債券の残存期間の求め方

債券の投資価値を規定する最大の要素がクーポン，価格，残存期間であることはわかりましたが，このうち残存期間はどのように求めるのでしょうか。

Point

たとえばクーポンが1％，価格が90円の債券があったとしても，これがいつ満期償還されるかがわからなければ，この債券の投資価値を測ることはできない。このためには，当該時点から満期償還の日（償還期限と呼ぶ）までの期間を計算することが必要になる。

基本的には，当該期日から，償還期日に最も近い応答日（たとえば2003年7月25日の9年先の応答日といえば2012年7月25日）までの年数に，その応答日から償還期限（期日）までの日数を加えたものになる。

解説

(1) 残存期間の求め方

債券の償還期限とは，いわば定期預金における満期日に相当するもの。それまでの期間を"残存期間"と呼び，年数単位で示された場合には"残存年数"あるいは"残存年限"ともいう。

具体例で考えてみよう。以下の国債の残存期間を求めることにする。

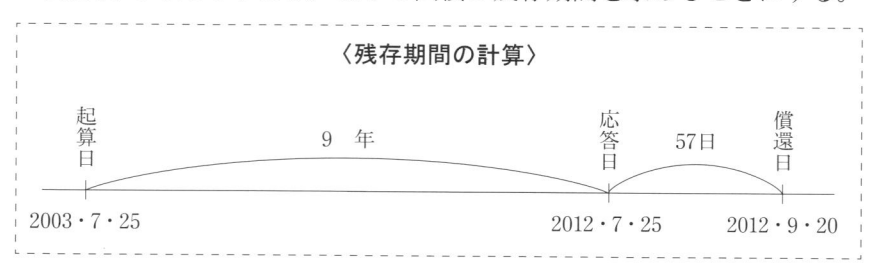

〈残存期間の計算〉

起算日	9 年	応答日	57日	償還日
2003・7・25		2012・7・25		2012・9・20

つまり，2003年7月25日（起算日）から2012年9月20日（満期償還日）までの期間は9年と57日であることがわかる。

2012年7月25日から2012年9月20日の日数は57日だが，これは片端入れの日数を採用することになっている。なお，この間にうるう年の2月29日が含まれている場合には，これをカウントすることになっている。

"9年と57日"では利回りの計算ができないので，通常これを年数に直して残存年数として示される。

$$9(年) + \frac{57}{365} = 9.1561643（年）$$

なお，債券が発行される時点での残存期間のことは，とくに償還年限と呼ばれ，「長期利付国債の"償還年限"は10年である」というように用いる。

(2) 短期債，中期債，長期債

債券には新発債，既発債を問わず，あらゆる残存期間の銘柄があるが，これを残存期間別に分けて，短期債，中期債，長期債というように区分することもある。さほど厳密に用いられている言葉ではないが，一般的には次の通りである。

●短・中・長期債の別●

	残存期間	新発債の場合
短期債	2年未満	割引短期国債，割引金融債
中期債	2年以上6年未満	中期利付国債，利付金融債
長期債	6年以上	長期国債，事業債，電力債，政府保証債，地方債，円建て外債

46 債券が「確定利付証券」である理由

債券は満期償還以前に売却すると，その売却価格如何では運用利回りは変わるにもかかわらず，なぜ「確定利付証券」と呼ばれるのですか。

Point

債券を所有することでもたらされる収益は，利子収入（インカムゲイン）と値上がり益・値下がり損（キャピタルゲイン・ロス）の2つがある。途中売却した場合に収益が不確定なのは，後者のみで，前者の利子収入は一切変わらないため，「確定利付」証券と呼ぶ。

解説

次のような条件の債券銘柄があるとする。

| クーポン：1.0%　残存期間：10年　価格：90円　購入額面：100円 |

この債券を，5年後に80円，100円で売却した場合を考えてみる。それぞれの場合につき，5年間の収益を示せば次頁の図のようになる。

図からわかる通り，5年後に80円で売却した場合と100円で売却した場合とで異なる点はただ1つ，5年後の売却金額だけである。この5年間に毎年受け取ることのできる利子収入（1年に1円）は全く同じである。つまり，いくらで売却しようが，クーポンが1.0%である以上，額面100円につき年間1円の利子収入が入ることは，あらかじめ「確定」しているわけである。

これが，債券のことを別名「確定利付証券」と呼ぶ第一の理由である。ここでの「利」とは，「運用利回り」ではなく「利子収入」ということになる。さらに，債券を以上のように満期以前に売却した場合には，所有していた間の運用利回りは売却価格如何によって変わってくるが，満

〈80円で売却〉

〈100円で売却〉

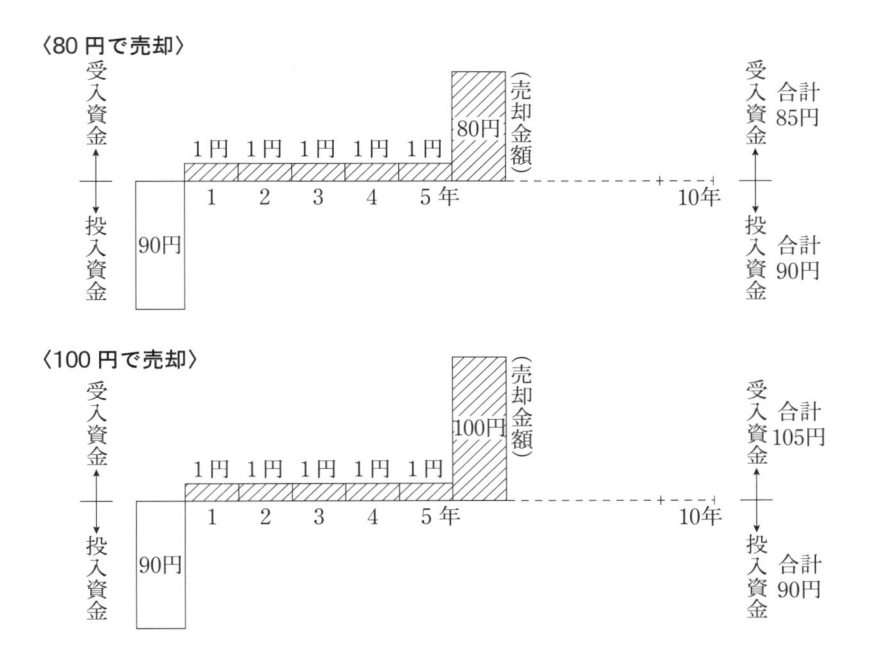

期償還時まで保有し続けた場合には、運用利回りは確定する。なぜなら、債券は満期償還に際しては、額面100円につき100円で償還されるためだ（一部例外がある）。

このため「満期まで保有すれば、利回りは確定する」という意味において、債券を「確定利付証券」であると考えることもできる。逆にいえば、「満期まで保有すれば結果的に確定する利回り」が、その債券の利回りになるわけである。上の例でいえば、この債券を10年後まで持った場合の利回りは、次の通りである。

投入金額：90円　**受入金額**：(1円×10) ＋ 100円 ＝ 110円
収益相当分：110円 － 90円 ＝ 20円　**1年あたり収益**：20円 ÷ 10 ＝ 2円

$$\text{利回り} = \frac{1\text{年あたり収益}}{\text{投資元本}} \times 100 = \frac{\text{クーポン} + (100 - \text{投資元本})/\text{期間}}{\text{投資元本}} \times 100 = \frac{2}{90} \times 100 = 2.222\cdots\cdots (\%)$$

47 新発債と既発債の区別

債券の分類の1つに，新発債と既発債がありますが，この区別についてはどう考えればよいのですか。

Point

債券には，新発債と既発債という種類の異なる債券があるわけではない。どんな債券でも最初のうちは新発債と呼ばれるが，ある一時の期日を過ぎると既発債と呼ばれる。通常その債券の払い込み日＝発行日を境にして呼称が変わる。

解説

(1) 新発債，既発債とは

債券・金融用語には，実に略語が多いが，その略語がもはや略語としては意識されず，本来の言葉として用いられているものも多い。この"新発債"，"既発債"という用語法も，その典型的な例である。

新発債とは「新規発行債券」の意味で，「新たに発行される債券」といってさしつかえない。これに対して，既発債とは「既発行債券」，すなわち「既に発行された債券」という意味である。

国債，地方債，社債などの債券は，一般に，ある日から広く投資家の購入を求めて売り出されたあと締め切られ，その後購入代金の払い込み（＝債券の発行日）という形で債券が誕生する。そして，実際に債券が発行されてから，あらかじめ決められた満期（専門的には償還期日）に至り，発行された債券（銘柄）が市中から姿を消すことになる。

ここにおいて，払い込み（発行）以前を新発債，払い込み日の翌日以降償還期日までの間を既発債と呼ぶわけである。やや突飛な例だが，人間が母親の胎内で息づき始めてから誕生するまで（胎児）の間を新発債

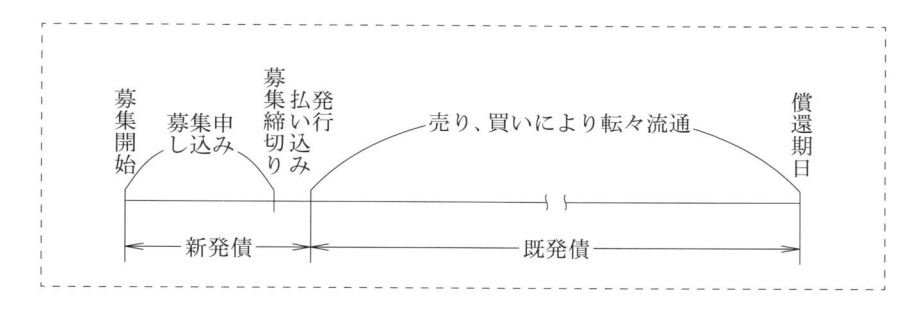

```
募集       募集  払発          売り、買いにより転々流通          償還
開始  募集申 締め  い行                                          期日
      し込み 切り  込み
      ←新発債→ ←――――――――既発債――――――――→
```

に，生誕してから永眠するまでを既発債になぞらえても間違いではないだろう。

たとえば，金融機関，証券会社が取り扱っている債券のうち代表的な10年物長期国債の場合――。原則として毎月1日から15日までが募集期間で，その後20日に募集の取り扱いを行った銀行，証券会社が発行者の代理人である日本銀行に，代金の支払いを行う。と同時に長期国債が発行されることになる。ここまでが新発債。その翌日から，およそ10年先の償還期日までの期間は，既発債と呼ぶ。

新発債と既発債とでは，その取り扱い方などの面で多少異なった点がある。

（2）取引可能期間

新発債は原則として，募集期間内においてしか購入することはできない。

これに対し既発債は，償還期日の1日前まで，いつでも自由に売り，買いすることができる。

（3）取引条件

新発債は，一定期間のうちにあらかじめ定められた利回りでしか購入できない。

一方，既発債は日々その価値が変動しており，さらには取引額の多寡によっても値段（および利回り）は多少異なる。

第4部：投資型金融商品の利回り計算法　　125

48 利付債と割引債の別

債券には利付債と割引債がありますが,これはどのように区別すればよいのでしょうか。

Point

利付(りつき)とは文字通り利(り＝クーポン)が付いている債券。このため,所有している間は,一定期日ごと(通常は年2回)に利子収入を手にすることができる。これに対し,割引とは,額面金額から大幅に割り引かれた価格で発行されるかわり,クーポンが付いていない債券である。

前者では,収益の源泉はクーポン収入(インカムゲイン)と購入価格と売却価格の差(キャピタルゲインあるいはキャピタルロス)を合計したもの,後者は購入価格と売却価格の差のみとなる。

解説

債券には,値上がり・値下がりに関係なく,定期的に利子収入が得られる利付債と,利子収入は一切なく,値段の上昇幅だけが収益に相当するものに大別することができる。

前に,債券の3要素(クーポン,価格,残存期間)について説明したが,これに即していえば,利付債はクーポンがプラスであるもの,割引債はゼロであるものということができよう。

では架空の債券を設定し,利付債と割引債の差についてみよう。

	クーポン	価格	残存期間
利付債A：	7%	99円50銭	5年
割引債B：	0%	72円	5年

A，Bを取得して満期（償還期日）まで所有した場合，それぞれどうなるだろうか。Aの場合，次のような形で収益を手にすることができる。

〈利付債Aの場合〉

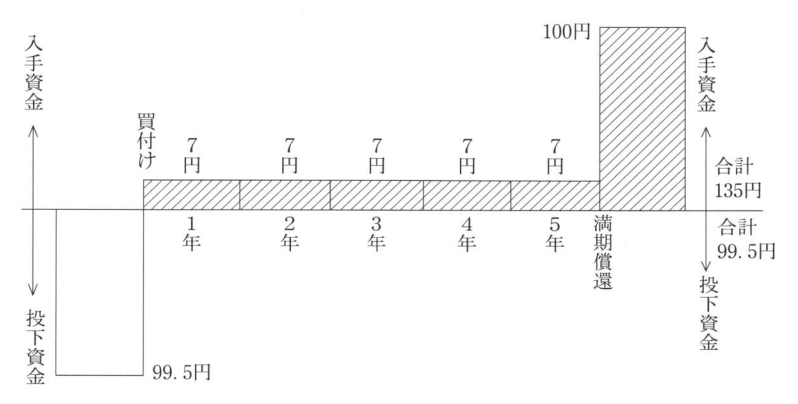

　99円50銭でAを買うと，毎年7円の利子が付き，ちょうど5年目にはこれとは別に100円が支払われる。

　これに対しBは次のようになる。

〈割引債Bの場合〉

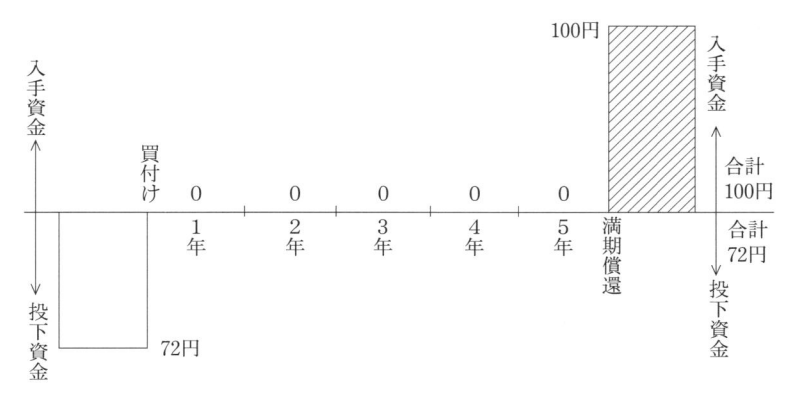

　つまり，72円でこれを購入しても満期までは一切利子はつかず，満期日になって100円が支払われるだけである。期間が同じ場合，割引債はクーポンがないだけ，価格は低いことはいうまでもない。

第4部：投資型金融商品の利回り計算法

49 債券投資の諸形態

債券は購入時点で新発債や既発債であったり，換金時にも，途中売却，途中償還，満期までの保有と，諸形態があるようです。どのように整理して理解すればよいのでしょうか。

Point

どの時点で債券を購入し，どの時点でその債券を換金するかについては，いくつかのパターンに分類できる。ただし，いずれのパターンでも，債券を一定期間保有することで得られる収益は，①クーポンはいくらか，②購入価格，売却（償還）価格はそれぞれいくらか——によって基本的に決まるにすぎない。

解説

形の上からみると，個人，法人を問わず，債券の所有形態は次の4つに大別できる。

① **新発債**として取得，**満期償還**まで所有する
② **新発債**として取得，**償還以前**に売却する
③ **既発債**として取得，**満期償還**まで所有する
④ **既発債**として取得，**償還以前**に売却する

	発行日	買付け		売却	満期償還日
①	├──────新発債の応募者利回り──────┤
②	├──────新発債の所有期間利回り──┤
③	├────既発債の最終利回り────┤
④	├──既発債の所有期間利回り──┤

これに途中償還を加えたものが次の例である。

> **ケース**
>
> 10年債として発行された債券で，クーポンは8％，発行価格は98円とする。1年目，6年目の市場価格はそれぞれ97円，99円で，7年目には100円で途中償還されるとする。この場合，それぞれのパターンにおける利回りはいくらになるか。

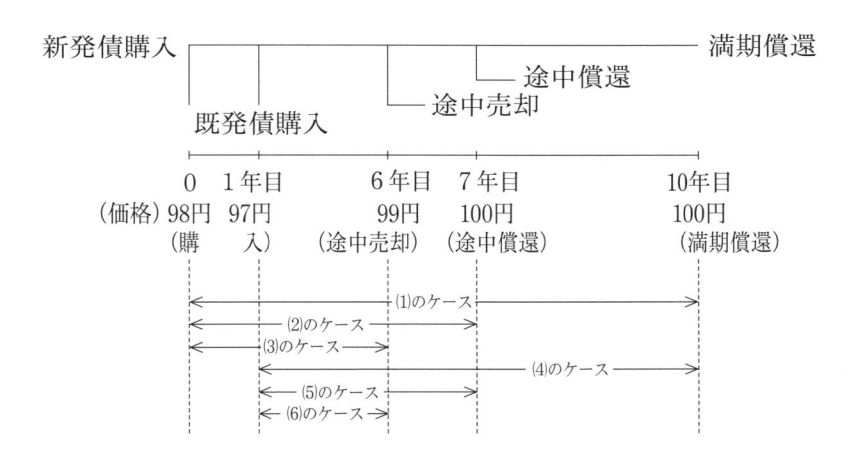

```
新発債購入                           満期償還
 ├──────┬─────┬─┬──────┤
            │          └ 途中償還
       既発債購入   └ 途中売却
        ┬   ┬    ┬  ┬       ┬
        0  1年目  6年目 7年目    10年目
 (価格) 98円 97円  99円 100円    100円
       (購入)     (途中売却)(途中償還) (満期償還)
```

(1)のケース：0 → 10年目
(2)のケース：0 → 7年目
(3)のケース：0 → 6年目
(4)のケース：1年目 → 10年目
(5)のケース：1年目 → 7年目
(6)のケース：1年目 → 6年目

	0	1年目	6年目	7年目	10年目	利回り
	新発債購入 98円	既発債購入 97円	途中売却 99円	途中償還 100円	満期償還 100円	
(1)	98円				→ 100円	8.367%
(2)	98円			→ 100円		8.454%
(3)	98円		→ 99円			8.333%
(4)		97円			→ 100円	8.591%
(5)		97円		→ 100円		8.762%
(6)		97円	→ 99円			8.659%

$$※利回り = \frac{クーポン + (売却価格 - 購入価格)/所有期間}{購入価格} \times 100 (\%)$$

第4部：投資型金融商品の利回り計算法　129

50 既発債の利回り計算

新発債では，償還までの期間（残存期間）が5年とか10年というように決まっていますが，既発債の残存期間はどのように計算すればいいのでしょうか。
また，債券の利回りには応募者利回り，最終利回り，所有期間利回りといったさまざまな利回りがありますが，これらはどう区別すればよいのでしょうか。さらに，直利という利回りが用いられることもあるようですが……。

Point

既発債の利回りを計算するときに最もやっかいなのが，残存期間の計算である。

基本的には計算開始日（起算日）から満期償還日に最も近い応答日までの年数（整数）に，残りの日数を365（日）で割った数を加えることになる。

また，応募者利回り，最終利回り，所有期間利回りは，いずれも全く同じ考えに立って計算されるものにすぎない。前章で債券投資のパターンを説明したが，それぞれ用語が使い分けられているだけのことである。

解説

(1) 残存期間の計算

新発債はすべて満期までの期間がきっちりと決まっている。たとえば長期国債，公募地方債は10年，利付金融債は5年，割引金融債は1年というように。

このため，新発債の利回り計算は比較的簡単に行うことができる（第46章参照）。

これに対し，既発債になると日々残存期間は短くなってくるため，残存期間（年）を正確に決めなければ利回りは計算できない。

ケース1

次のような条件の債券の利回りを計算したいが，まず残存期間はどうやって算出すればよいか。

> クーポン：0.7%　価格：100.67 円　起算日：2003 年 7 月 25 日
> 満期償還日：2012 年 9 月 20 日

この場合，まず 2003 年 7 月 25 日からちょうど 9 年先の 2012 年 7 月 25 日までを 9 年とし，2012 年 7 月 25 日から 2012 年 9 月 20 日までの日数を求める（片端入れ）。7 月 25 日から 9 月 20 日までの日数は 57 日間であるため，上例の残存期間は 9.1561643 年となる（☞ p.121 参照）。

```
                                          |← 57日 →|
  |←――――――― 9年 ―――――――→|  0.1561643年
  2003.7.25                    2012.7.25  2012.9.20
```

一方，通常の利付債の最終利回り計算式は次の通りである。

> ●利付債の最終利回り↔価格計算（一般式）●
>
> $$\text{利付債の最終利回り} = \frac{\text{クーポン}+(100-\text{価格})/\text{残存年限}}{\text{価格}} \times 100(\%)$$
>
> これを展開すると，利回りから価格を求める式が得られる。
>
> $$\text{利付債の価格} = \frac{100+(\text{クーポン}\times\text{残存年限})}{1+\dfrac{\text{最終利回り}\times\text{残存年限}}{100}}$$

したがって，〈ケース 1〉の最終利回りは次式で求められる。

$$\text{最終利回り} = \frac{0.7+(100-100.67)/9.1561643}{100.67} \times 100$$

$$= 0.622(\%) \quad \cdots\cdots \text{小数点以下 4 桁目は切り捨て}$$

（2）応募者利回り，最終利回り，所有期間利回り

以上の説明では，利付債の利回りはすべて"最終利回り"と表現してきた。ところが，新発債の募集広告等では"応募者利回り"という用語が用いられたり，債券の投資分析に関する記述のなかでは時々，"所有期間利回り"といった言葉が使われる。

ただ，これらの各用語の意味するところは全く軌を一にする。

今一度，最終利回りの計算式を振り返ってみよう。

$$最終利回り = \frac{クーポン＋（100－取得価格）/残存期間}{取得価格} \times 100（\%）$$

したがって，新発債の最終利回りは次式で表されることになる。

$$\frac{新発債の}{最終利回り} = \frac{クーポン＋（100－発行価格）/年限}{発行価格} \times 100（\%）$$

この新発債の最終利回りのことを"応募者利回り"と呼ぶ。

さらには，以上はすべて満期償還時まで債券を保有した場合を想定しているが，満期償還を待たずに，途中で時価で売却した場合，結果的に得られる利回りはいくらになるか。

最終利回りの式を次のように変えればいいだけのことである。

100（償還価格）──→売却価格。残存期間──→所有期間

つまり，次式が成り立つ。

●利付債の所有期間利回り計算式（一般式）●

$$所有期間利回り = \frac{クーポン＋（売却価格－取得価格）/所有期間（年）}{取得価格} \times 100$$

ケース2

次の条件で債券を購入，売却した場合の所有期間利回りを求める。

> クーポン：6.5%　　購入価格：97円　売却価格：98円
> 所有期間：2.5年

$$\text{所有期間利回り} = \frac{6.5 + (98 - 97)/2.5}{97} \times 100 = 7.113 \text{（\%）}$$

(3) 直利（直接利回り）

　以上の説明から明らかな通り，利付債の最終利回りを算出するに際しては，「クーポン（利子収入）＋償還差益の1年あたりの額」を年間の利息とみなし，これを「価格（元本）」で割るという考え方に基づいている。
　式で示すと次の通りである（前出式の変形式）。

$$\text{最終利回り} = \left\{ \underbrace{\frac{\text{クーポン}}{\text{価格}}}_{\text{①年あたりの利子収入}} + \underbrace{\frac{(100 - \text{価格})/\text{残存期間}}{\text{価格}}}_{\text{②年あたりの償還差益}} \right\} \times 100$$

　ところが，①は間違いなく毎年手に入れることができるが，②の部分は実際に満期償還期日が到来するまでは確定しない。
　またとくに長期債の場合は，法人の経理担当部署にとって，経常利益として計上することができるのは，あくまで①の部分にしかすぎない。
　このため，①と②を合算して1年あたりの収益とみなすのではなく，とりあえず毎年手にすることが確実な①のみを基準に，利回りを算出しようとする考えが出てくる。
　これが"直利（直接利回り）"と呼ばれるもので，一般式は次の通りである。

> ●利付債の直利計算式（一般式）●
>
> $$\text{直利} = \frac{\text{クーポン}}{\text{価格}} \times 100 \text{（\%）}$$

　この直利という考え方は，とくに法人および，利子収入を年金の感覚で受け取る個人投資家にとって重要な利回り指標である。

51 割引債の利回り計算

利付債とは違い，クーポンのついていない割引債の利回りは，どのような考えに立って計算されるのでしょうか。残存期間が1年以下の割引債と，1年を超える割引債とでは計算の方法が異なると聞きますが……。

Point

割引債は定期的な利子収入がなく，収益は償還差益（満期まで所有した場合），売買差益（途中で売却した場合）だけである。

この収益を計算上利回りにどう反映させるかということだが，期間1年以下の割引債では単利の考え方により，1年を超える割引債については，複利の考え方によって利回りが計算され，表示することになっている。

解説

(1) 残存1年以内の割引債

この場合は単利の考え方で，かつ1年を365日として利回り計算が行われるので，単利利回りの最も基本的な考え方を採用することができる。次のケースは，期間1年の割引金融債についての計算例である。

ケース1

償還期限が1年の割引金融債の発行価格が，額面100円につき95円01銭（税引き前）であったとする。この債券の応募者利回りはいくらか。

95円01銭で取得すれば，ちょうど1年後には100円になって返ってくるわけだから，元本は95円01銭，利息分は（100円 − 95円01銭）と考えればよいだけのことである。したがって，次式により応募者利回りは5.252%となる。

$$応募者利回り = \frac{(100-95.01)}{95.01} \times 100 = 5.252（\%）$$

　上の例は期間がちょうど1年（365日）の場合だが，期間が1年未満の場合にはどう考えればよいのだろうか。残存期間に応じて，1年あたりの利息分を計算すればよいだけのことである。

ケース2

　割引短期国債が，次のような条件で発行された場合，利回りはいくらか。

　価格：99.1986円（税引き前）　　期間：60日

　期間が60日で（100 − 99.1986）円の利息が発生するわけだから，1年（365日）では，その$\frac{365}{60}$の利息になると考えることができる。

　したがって，利回りは4.914%となる。

$$応募者利回り = \frac{(100-99.1986) \times \frac{365}{60}}{99.1986} \times 100 = 4.914（\%）$$

(2) 残存1年を超える割引債

　残存期間が1年を超える割引債の利回りは，複利の考え方に基づいて計算される。これは，満期までの期間が長い割引債については，複利運用されると考えた方が妥当であるとみなされるためである。

　かつて発行されていた5年物割引国債を例にとろう。

ケース3

　以下のような条件の割引債の利回りを求めることにする。

　残存期間：5年

　発行価格：75円25銭（税引き前価格）

　この割引債は額面100円あたり75円25銭で購入することができ，ち

ょうど5年後には100円になって返ってくることを意味する。このため，年利回りをrとすると，次の式が成り立つことになる。

$75.25 \times (1+r)^5 = 100$

とどのつまりは，このrを求めればよいわけである。この式を変形していくと，次の式が得られる。

$(1+r)^5 = \dfrac{100}{75.25}$

$1+r = \left(\dfrac{100}{75.25}\right)^{\frac{1}{5}}$

$r = \left(\dfrac{100}{75.25}\right)^{\frac{1}{5}} - 1 = 0.0585191\cdots\cdots$

つまり，利回り（複利）は5.851％であることがわかる。

では逆に，利回りがわかっていて価格を求めたい場合にはどうすればよいだろうか。上の例において，利回りが5.851％とわかっていて，価格（75.25円）がわからないことを想定してみる。

価格をxとすると次の式が成立する。

$x \times \left(1 + \dfrac{5.851}{100}\right)^5 = 100$

$x = \dfrac{100}{\left(1 + \dfrac{5.851}{100}\right)^5} = 75.253235\cdots$（円）

つまり，75円25銭（単位未満切り捨て）となるわけである。

●割引債の最終利回り計算（一般式）●

1. 期間1年以下の場合

最終利回り $= \dfrac{(100-価格) \times \dfrac{365}{残存日数}}{価格} \times 100(\%)$

【注】①財務省・日銀方式……残存日数は両端入れ（ただし政府短期証券のみ）
　　　②銀行・証券会社方式……残存日数は片端入れ

2. 期間1年超の場合

$$最終利回り = \left\{ \left(\frac{100}{価格}\right)^{\frac{1}{残存年数}} - 1 \right\} \times 100 (\%)$$

☆コラム☆

●ゼロクーポン債の利回り●

　海外で発行されている割引債は一般にゼロクーポン債と呼ばれる。クーポン＝ゼロであるためだ。ところで，これらのゼロクーポン債は原則として半年複利で計算された利回りで表示される（我が国の割引債も本文で述べた通り，期間1年を超えるものについては1年複利表示）。

　したがって，実務上他の債券の収益率と比較するに際して，これを単利での利回りに換算する必要が生じることがある。

　たとえば，期間8年で価格が80のゼロクーポン債を考えてみよう。この債券は以下の式により利回りは2.808%と表示される。

$$\left(\sqrt[16]{\frac{100}{80}} - 1 \right) \times 2 \times 100 = 2.808 (\%)$$

ではこれを単利の利回りに換算すればどうだろうか。これは以下の式から3.125%となる。

$$\frac{(100-80)/8}{80} \times 100 = 3.125 (\%)$$

以上でわかるように，ゼロクーポン債については複利で表示した場合に比べ単利表示の方が常に高い利回りとして表示されることになる。

　これは裏返せば「同じ運用成果を挙げるためには，単利運用の場合の方がより高い利回りで運用されなければならない」ことを示している。

52 税引き後の利回り計算

個人が非課税制度（あるいは税額控除扱い）を利用する場合はともかく，それ以外の場合には，原則として金融商品による運用収益に対しては，課税されるのが原則です。この場合，税引き後の実質利回りを求めるためには，どのような計算が必要なのでしょうか。いちがいに"金融商品"とはいっても，その運用収益にはいろいろな種類がありますが……。

Point

法人は，金融商品の運用によって収益をあげたときには，原則として，20％の課税を受けたあと，後刻（決算時），他の収益と合算して法人税としての課税を受けることになる。このため以下では，主に個人の場合について説明しよう。

この場合，金融商品の収益の種類ごとに課税項目が決まっているので，それぞれの課税項目について課税されることになる。

解説

(1) 利子所得のみから成る商品

預貯金，投資信託，金銭信託・貸付信託などがこれに該当する。これらの商品においては，税引き前の利回りに（1－税率）を掛けるものがそのまま実質利回りになるだけである。

たとえば年利2％の商品の税引き後実質利回りは，次式によって求めることができる。

$$2 \times (1 - 0.2) = 1.6 (\%)$$

(2) 利子所得と雑所得から成る利付債の場合

一般の利付債を満期まで保有した場合に得ることのできる収益は，前にも説明した通り利子収入と償還差益である。

このうち利子収入は利子所得に，償還差益は雑所得に分類されるが，実体的にはこのうち後者（償還差益）はほとんど申告されていないのが実情である。

このため，税引き後の利回りを計算する場合には，利子収入のみに対して税率を掛けるのが一般的である。

利付債の最終利回り算式（☞ p.131 参照）に税率を加味すれば次の通り。

●**利付債の税引き後利回りの計算（一般式）**●

$$\text{利付債の税引き後利回り} = \frac{\text{クーポン}\times(1-\text{税率})+(100-\text{価格})/\text{残存期間}}{\text{価格}} \times 100$$

ケース1

以下のような条件で発行された長期国債の利引き後利回りを求める。

発行条件

期間：10年　クーポン：6.7%

発行価格：100.08円

$$\text{税引き後利回り} = \frac{6.7\times(1-0.2)+(100-100.08)/10}{100.08} \times 100 = 5.347\ (\%)$$

(3) 償還差益のみから成る割引債の場合

新発の割引債を満期償還まで持った場合，収益は償還差益のみである。この償還差益に対しては，他の金融商品とは異なり，発行時にその差益の18％分の源泉課税が一律に行われることになる。このため，発行価格と額面（償還価格）の差にあたる償還差益から，18％分を差し引いて計算された税引き後の発行価格によって利回りが計算されることになる。

簡単にいうと，額面100円あたり税引き価格が90円で発行される割

引債があるとすれば、償還差益は 10 円。そしてこの 10 円に対する 18％というのは 1 円 80 銭である。

したがって、税引き前価格の 90 円に 1 円 80 銭上乗せした 91 円 80 銭が税引き後の発行価格になるわけである。

このため、割引債の税引き後利回りは前出の割引債の最終利回り計算の式（☞ p.136〜137 参照）から次のようになる。

●**割引債の税引き後利回りの計算（一般式）**●

1. 期間 1 年以下の場合

$$税引き後利回り = \frac{(100 - 税引き後価格) \times \frac{365}{残存日数}}{税引き後価格} \times 100 (\%)$$

2. 期間 1 年超の場合

$$税引き後利回り = \left\{ \left(\frac{100}{税引き後価格} \right)^{\frac{1}{残存年数}} - 1 \right\} \times 100 (\%)$$

【参考】

※税引き後価格 =（0.82 × 税引き前価格）+ 18 …（円未満 3 桁目を切り捨て）

税引き前価格を P とすると、税引き後価格は以下の通り。

税引き後価格 = P +｛(100 − P) × 0.18｝
　　　　　　 = P + 18 − 0.18P = 0.82P + 18

ケース2

以下のような条件で発行されていた割引金融債（期間1年）と割引国債（期間5年）の税引き後実質利回りを求める。

発行条件

【割引金融債】
期間：1年　税引き前発行価格：94.56円

【割引国債】
期間：5年　税引き前発行価格：74.50円

・割引金融債の税引き後発行価格

　$(0.82 \times 94.56) + 18 = 95.53$（下3桁目切り捨て）

　$$税引き後利回り = \frac{(100 - 95.53) \times \frac{365}{365}}{95.53} \times 100 = 4.679 (\%)$$

・割引国債の税引き後発行価格

　$(0.82 \times 74.50) + 18 = 79.09$

　$$税引き後利回り = \left\{ \left(\frac{100}{79.09}\right)^{\frac{1}{5}} - 1 \right\} \times 100 (\%) = 4.803 (\%)$$

53 期待利子率の考え方

期間が異なれば金利水準も違うのが常識ですが，これはどのような理屈に基づくもなのですか。

Point

期間によって金利水準が違うことを説明する場合に用いられる仮説の1つが「期待利子率」。一定期間後の金利水準をどの程度に予想するかによって短期金利と長期金利の金利差が決定されるという理論である。これによると，これから金利が上昇すると予想される時期には短期金利に対して長期金利の水準が相対的に高くなる。

解説

(1) 期待利子率とは

期間が異なれば金利水準も異なるが，これに理論的な根拠を与える仮説の1つが，期待利子率仮説と呼ばれるものだ。元来債券の銘柄別投資分析のために用いられ始めた。

たとえば残存期間が1年の銘柄の利回りが6%であり，2年の銘柄の利回りが7%であるとしよう。この仮説では6%と7%の差を次のように考える。

まず，①1年債を買いつけて1年後に償還を受けると同時に，その時点で満期までが1年の銘柄を新たに買いつけそれから1年後に償還された時点で得られる収益合計金額と，②いきなり2年の銘柄を購入して2年後に受け取る収益合計金額——の2つが等しいはずであるという仮定に立つ。

この場合，現時点から1年後の1年債の利回り（再投資レート）を期待利子率と呼ぶ。複利の考え方によると次の式が成り立つ。

$$\left(1+\frac{6}{100}\right) \times \left(1+\frac{x}{100}\right) = \left(1+\frac{7}{100}\right)^2$$
$$x = 8.009 \,(\%)$$

つまり上の例でいうと期待利子率は8.009%となる。すなわち，現在よりも1年後のほうが同じ1年の銘柄の利回りが高いという予想により現在の1年ものと2年ものの利回りの差が生じているとみなすことができる。つまり，市場参加者がそのような期待を前提にして1年もの，2年ものの売買を行っていると考えられる。

この種の考え方は，比較的短期の債券銘柄の間に生じている金利差，あるいはCDなどの短期金利の利回り形成を説明するのに説得力がある。

この考え方によれば，将来金利が上がると予想される場合には，より長期の金利水準が高くなる（つまりイールドカーブは右上りになる）。逆に，金利が急激に下落すると見込まれる時期にあっては，期間が長いほど金利水準は低くなる（イールドカーブは右下がり）というのが基本だ。

（2）流動性プレミアム理論

現在期間の違いが金利差を生む理論としては，このほか流動性プレミアム理論がある。これは，短期の金融資産にくらべて長期のそれのほうが流動性に劣るため，その分だけ長期の利回りのほうが高くなるというものだ（長期の利回りにプレミアムが付く）。

◇　　◇　　◇

実際には以上の2つの理屈が相まって短期金利と長期金利の差が生じていると考えるのが一般的である。

> **イールドカーブ**……利回り曲線のこと。横軸に期間，縦軸に債券の利回りをとって，期間と利回りの関係がどうなっているかを表したもの。

54 債券価格上昇→債券利回り低下をどう考える？

「金利が上がれば債券価格は下がる」あるいは「債券については買いが増えれば価格が上がり，逆に利回りが下がる」という債券の基本をどのように理解すればいいのでしょうか。

Point
債券の利回りと価格の関係はとても古典的なテーマだ。基本的にはこれから債券を買おうとする人にとって「有利な条件で買える」ことは，「利回りは高いこと」「価格は低いこと」であるため，利回り上昇と価格低下は同じ意味を持つと考えればいい。

解説

▶ ケース

期間2年，クーポンが2%の債券があったとする。額面金額は100円。つまり，この債券を今，手に入れれば「向こう2年間にわたって1年当たり2円（額面100円の2%分）が手に入り，ちょうど2年後にはこの券面と引き換えに100円のお金が払い戻される」ことが約束されているわけだ。この債券が96円のときと98円のときとでは，利回りはどちらが高いか。

(1) 数字を使わないで説明すれば……

まず，いっさいの数字を使わないで説明するとすれば，「それをもっていれば満期までに受け取ることができる金額は同じ。であれば，より安くそれを買ったほうが得。つまり収益性は高いのだから，利回りも高い」となる。

（2）数字を用いて説明すると…

では，数字を用いて説明するとすればどうか。

まず，96円でこの債券を買えば，毎年2円の利子がもらえるわけだから，この受取り利子の投下金額に対する比率は「2円÷96円」で2.083％（直接利回り）。

さらに，この債券は，満期時に100円で買い取ってくれることが約束されているわけだから，2年間の値上がり益が4円。つまり1年当たりの値上がり益2円が保証されている。この投下元本に対する比率は，やはり「2円÷96円」で2.083％。

つまり，この債券の利回りは4.166％ということになる。

同じようにこの債券が98円の場合を計算すると，1年当たりの受取利子2円は投下元本に対して2.040％。

98円で買ったものが2年後に100円で払い戻されるので，1年当たりの値上がり益1円の元本に対する比率は1.020％。

つまり，この場合には債券利回りは3.060％だ。

両者を比べると，「価格が高いほうが利回りは低い」ことになる。

なお，債券だけではなくその取引条件が価格でも利回りでも示されるあらゆる金融商品について，価格と利回りの数値の大小関係は同様に逆になる。CD（譲渡性預金証書），商業手形等がその例だ。

〈利付債の場合〉

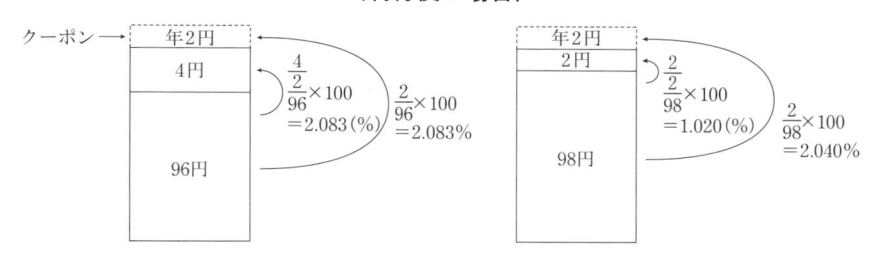

クーポン → 年2円　4円　96円　$\frac{\frac{4}{2}}{96} \times 100 = 2.083(\%)$　$\frac{2}{96} \times 100 = 2.083\%$

年2円　2円　98円　$\frac{\frac{2}{2}}{98} \times 100 = 1.020(\%)$　$\frac{2}{98} \times 100 = 2.040\%$

55 債券の価格変動性とは

債券は一般に長期のものほど値上がり益が大きいかわり，値下がりリスクも大きい（ハイリスク・ハイリターン）といわれます。この意味を教えて下さい。

Point

短期債と長期債を比べた場合，たとえば利回りが同じように0.1％変動したときの価格の変動幅はそれぞれ異なる。これを価格変動性と呼び，残存期間が長い債券ほど価格変動性は高くなる。このため，同じように利回りが変化した場合でも，長期債の方が値ブレが激しいわけで，長期の債券ほど大きな値上がり益が期待できる半面，値下がりリスクも大きいということになる。

解説

債券の価格変動性を説明する前に，債券の利回り計算式をもう一度復習しておく。価格から利回りを算出する数式は，次の通りである。

$$債券利回り = \frac{クーポン＋(100－価格)/残存期間}{価格} \times 100 \ (\%)$$

クーポン：％　価格：額面100円あたり（円）
100：償還価格（額面，円）　残存期間：年

以下，この式を用いて債券の価格変動性を考えることにする。

ケース

説明を単純にするため，7％クーポン10年債の価格が90円から91円へ上昇した場合と，同じく7％クーポン1年債の価格が90円から91円へ上昇した場合の数式の変化をみる。

〈10年債の場合〉

変動前：利回り $= \dfrac{7+(100-90)/10}{90} \times 100 = \dfrac{7+1}{90} \times 100$ ……①

変動後：利回り $= \dfrac{7+(100-91)/10}{91} \times 100 = \dfrac{7+0.9}{91} \times 100$ ……①′

〈1年債の場合〉

変動前：利回り $= \dfrac{7+(100-90)/1}{90} \times 100 = \dfrac{7+10}{90} \times 100$ ……②

変動後：利回り $= \dfrac{7+(100-91)/1}{91} \times 100 = \dfrac{7+9}{91} \times 100$ ……②′

　まず①→①′，②→②′ともに分母の変化率は90→91と同じである。では分子はどうか。①→①′では8→7.9へとわずか80分の1しか変化していない。一方，②→②′では17→16へと，17分の1もの変化をみせている。

　つまり，分母の変化率が同じである以上，分子の変化率が大きい1年債（短期債）の方が利回り変化率は大きいことになる。

　これをいいかえると，長期債のほうが"一定の価格変化に対する利回り変動率は小さい"ことになる。

　さらにこれを逆にいえば，長期債のほうが"一定の利回り変動に対する価格変動率は大きい"ということになる。

　通常，価格変動性は0.1％の利回り変化に対応する価格変動幅で示される。この価格変動性は，クーポンや利回り水準によっても多少異なるが，「10年債で約55銭，5年債で35銭，1年債で9銭」というのが1つのメドになると考えてよい。

56 既発債売買時の経過利息とは

既発債を売買する場合、経過利息という概念が非常に重要だといわれますが、これはどういう意味でしょうか。

Point

経過利息（経過利子ともいう）とは、利付の既発債を利払い日と利払い日の間に売買する場合に発生する概念である。利付債の利子は、その利払いの日に債券の所有人に支払われる。このため、次のように利払い期の間に売買が行われるときは、A－B間の利子相当額を、乙から甲へあらかじめ払い戻しておく必要がある。なぜなら、本来A－Bの間は甲がこの債券を所有していたのだから、乙がC時点で受け取る利子（A－C間の利子）のうちA－B間の利子は本来甲に所属すべきものだからである。

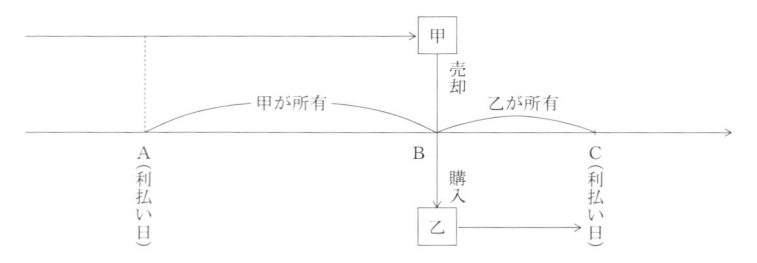

```
                              ┌─甲─┐
                                │
                                │売
                                │却
        ┌── 甲が所有 ──┐    ┌── 乙が所有 ──┐
────────┼──────────────┼────┼──────────────┼────
        A              B         C
       （利                     （利
        払                       払
        い                       い
        日）                     日）
                                │購
                                │入
                              ┌─乙─┐────→
```

解説

利付債の利子は、利払い日（あらかじめ決まっている）に、その債券の所有者（その時点での名義人）に支払われる。

ところが、債券は譲渡可能な有価証券のため、いつでも自由に売買されるべきものであり、当然、利払い期日と利払い期日の間に売買されるケースがほとんどである。この場合、単純にその時の時価で売買するだ

けでは済まない。次期利払い日には購入者が利子を全額受け取ることになるが、このうち購入者が主張できる権利は、購入時から利払い日までの間（所有期間）に係る利子のみだからだ。

ケース

クーポン 7%の債券が次のような形で売買されたとしよう（利払いは年 2 回）。売買額面は 100 万円。価格は 100 円。

〈経過利息とは何か〉

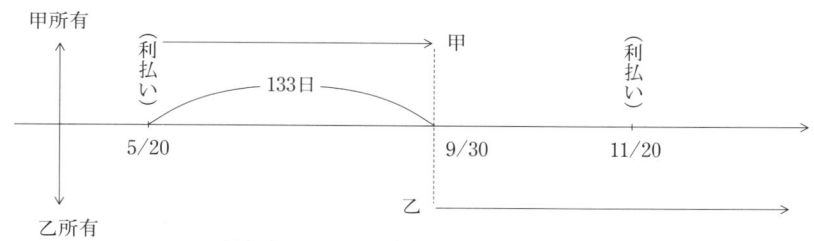

```
甲所有
  ↑
     (利払い)────────133日────────甲         (利払い)
       5/20                      9/30         11/20
                                  乙
  ↓
乙所有
```

（額面 100 万円，価格 100 円，9 月 30 日に甲売り，乙買い）

この場合，甲は乙に債券を 100 万円で売るだけでは甲は明らかに損失を被ることになる。なぜなら，甲は 5 月 20 日の前利払い日から 9 月 30 日までこの債券を持っていたのだから，この間に係る利子を乙から受け取らねばならないからだ。乙は 11 月 20 日に 3 万 5,000 円の利子を受け取るが，これは 5 月 20 日から 11 月 20 日の利払い日までに相当する利子である。

このため，3 万 5,000 円のうち 5 月 21 日から 9 月 30 日の間（片端入れ，経過日数と呼ぶ）の利子は売買時に乙が甲に支払うことになっている。これを経過利息と呼び，次の算式により求める。

$$経過利息 = 額面(100円) \times \frac{クーポン(\%)}{100} \times \frac{経過日数}{365}$$

上の例にあてはめると次の通りである。

$$経過利息 = 100 \times \frac{7}{100} \times \frac{133}{365} = 2.5506849$$

つまり，乙が甲に支払うべき金額は 102 万 5,506 円となる。

57 「実効利回り」をどう考える？

利付債では，途中支払利子をある種の金利で再投資（再運用）するという考え方に基づいた利回りがあると聞いたことがあります。これはどのような利回りなのでしょうか。

Point

途中での利子収入の再運用利回りを別途設定したうえで満期時における元利合計金額を算出し，これに基づいて計算された利回りを一般に"実効利回り"と呼ぶ。ここでいう「実効」とは，無理のない再運用レートを設定したうえで計算された利回りだから実効性のある利回りだ，といったくらいの意味だ。

解説

(1) 債券の実効利回り計算

たとえば，期間10年でクーポンが4％の債券が90円で売られていたとする（年2回利払い）。つまり90円で額面100円分の債券が手に入り，半年ごとに2円の利子を受け取ることができる。この利子を再運用しようとしてもいまのところせいぜい年1％の商品でしか運用できない。そこで実際に，これから10年間にわたって半年ごとに受け取る2円を，そのつど1％で再運用し続けていくとして，満期時には償還金を合わせてどの程度の金額を手にすることになるか。

これは次の式で示すことができる。

$$100 + \frac{C}{2} \times \frac{(1+r/200)^{2n}-1}{r/200}$$
$$= 100 + \frac{4}{2} \times \frac{(1+1/200)^{20}-1}{1/200} = 141.958\cdots\cdots$$

（C：クーポン，r：再運用利率，n：期間）

つまり，90円の元本が10年後には141.95円になって手元に戻ってくることが想定されるため，ここから半年複利利回りを算出し，それを2倍すれば年利回り（実効利回り）を求めることができる。すなわち，実効利回りを算出する算式は次のとおりだ。

$$\left\{\sqrt[2n]{\frac{100+\frac{C}{2}\times\frac{(1+r/200)^{2n}-1}{r/200}}{p}}-1\right\}\times 2 \times 100$$

$$=\left(\sqrt[20]{\frac{141.958\cdots\cdots}{90}}-1\right)\times 2 \times 100 = 4.609\,(\%)$$

（p：購入価格）

（2）再運用する場合の投資効果の計算

　以上は債券における実効利回りという概念だが，この考え方を敷衍すると，定期的に利子が支払われる金融商品の利子を他の投資物件（商品）で再運用する場合の投資効果を計算することが可能になる。

　たとえば，年に1回，6％の分配金が期待される投資信託があり，ここからもたらされる年間6％分の分配金を流動性の高い短期のMMF（分配率3％と仮定）で運用し続けていくといった例を想定してみよう。話を簡単にするために，キャピタルゲインもキャピタルロスもないものとする。つまり当初の購入価額は1万円で10年間保有し続けた後に1万円で売却するものと仮定する。

　この場合，次の計算から10年後に手元に戻ってくる金額は1万6,878円となる。

$$10{,}000 + 600 \times \frac{(1+3/100)^{10}-1}{3/100} = 16{,}878.327\cdots\cdots$$

　ということは，年利回りは以下のとおり5.373％になる（この場合は年に1回の分配金支払いであるため，1年複利で利回りを考える）。

$$\left(\sqrt[20]{\frac{16{,}878.327\cdots\cdots}{10{,}000}}-1\right)\times 100 = 5.373\,(\%)$$

58 株式の配当利回り、総合利回りはこう考える

株式についても利回りという用語が使われるようですが，これはどのような意味なのですか。やはり年に1回支払われる配当金をいわば利息とみなしたうえでそれを利回りとしてカウントするのでしょうか。

Point

株式も投資商品である以上，投下元本があり，年あたりの収益という概念がある。もっともポピュラーなのは，年当たり配当を株価で割って得られる配当利回り。配当のほか，1年間あたりの値上がり益（値下がり損）を加味したものが総合利回りだ。

解説

（1）配当利回り

株式についても，利回りという概念が用いられることが少なくない。株式に投資して得られる収益性を他の金利商品のそれと比較しようとした場合には，最後のよりどころになるものは年利回りだ。これは，金融商品の投資収益性は，煎じ詰めれば年当たりの利益を元本で割って求められる利回りによってしか統一的に表現できないからである。

ほんの30年～40年くらい前までは，現在，個別銘柄の割高，割安感を判定する場合によく使われているPER（株価収益率），PBR（株価純資産倍率）などより，むしろ株式利回りのほうが一般的に用いられていた。

●配当利回り（一般式）●

$$利回り = \frac{1株当たり年配当金}{株価} \times 100$$

株式の利回りは，ある任意の銘柄について1株につき支払われる年間配当を，その時点での株価で割って算出される。このため"配当利回り"とよばれることもある。

　この利回りは，預金金利や公社債の利回り，あるいは不動産の運用利回りなどと比較できる。また，個別銘柄についての利回りだけではなく，上場銘柄全体の平均利回りが算出されたうえで，これに照らしてある特定の銘柄の株式利回りがどの程度高いか安いか，といった観点から利用されることもある。

　1950年代後半まではよく用いられていたが，それ以降は，わが国の平均的な株式利回りは恒常的に預貯金利回りなどを下回るようになってきた一方，株式投資にともなう収益としては，もっぱら値上がり益を狙うという動機が強くなってきた。このため昨今では，株式利回り採算のみを基準にして株価の収益性を論じるということはほとんどなくなってきた。

　ただし，最近の長引く株価低迷により，配当利回りも上昇し，2003年5月下旬現在での東証1部上場株式の平均利回りは1.38％程度となっている。

　これは，100円の時価に対して平均的な配当は1円38銭程度であることを示している。いい換えると，100万円の資金で株式を購入すると，1年間あたり平均して13,800円程度の配当があるということである。

　なお，新聞紙上でも次頁の図のように，1部，2部，ジャスダック市場全銘柄さらには1部市場のうちの225銘柄についての平均利回りが算出，公表されている。図中「加重」とあるのは，各銘柄の時価総額を基準とする加重平均で，平均利回りを算出したものである。

　わが国の株式利回りは，欧米のそれに比べてこれまで低い水準にある。これは，わが国の多くの企業は，企業利益のうち株主配当にあてる割合（配当性向）を低く抑えるという政策を長きにわたってとり続けてきたことに原因がある。これは，企業利益は，株主，労働者，内部留保の3つの部門にいかに分配するかという点にもかかってくる問題である。

●日経新聞　マーケット総合●

東証、ジャスダックの投資指標
（PERと配当利回りの上段は予想、下段のカッコ
内は前期基準、PBRは前期基準、連結ベース）

	PER(倍)	PBR(倍)	配当利回り(%) 単純平均	加重平均
日経平均採用銘柄	10.92 (18.85)	0.89	2.36 (2.27)	
東証1部全銘柄	11.49 (18.26)	0.88	2.37 (2.32)	2.64 (2.58)
東証2部全銘柄	11.27 (15.35)	0.63	2.37 (2.36)	2.44 (2.37)
ジャスダック全銘柄	11.81 (16.35)	1.09	2.37 (2.38)	

株式益回り（東証1部全銘柄）　予想　8.69%
　　　　　　　　　　　　　　　前期基準　5.47%

	東証1部	東証2部	ジャスダック
時価総額（億円）	2517205	30951	84766
普通株式数（百万株）	373952	11664	10576
1株当たり時価（円）	673.13	265.33	801.49

◇各種株価指数（カッコ内は前日比）
　日経株価指数300　　　　　　　　144.89　（+1.54）
　日経500種平均株価　　　751円08銭　（+8円63銭）
　日経JAPAN1000　　　　　　　　839.82　（+9.39）
　日経中国関連株50　　　　　　　778.00　（+6.14）
　単純平均（東証1部全銘柄）　206円18銭　（+2円75銭）
　東証1部　大型株　　　　　　　678.98　（+7.64）
　　　　　　中型株　　　　　　　814.99　（+8.93）
　　　　　　小型株　　　　　　　1267.33　（+23.26）
　大証2部40種修正平均　　3319円09銭　（+3円25銭）

（2012年7月26日付）

　わが国の個人株主比率は，国際的に見ても低い水準にあるが，この1つの原因として配当性向が低いことがあげられる。このため昨今では，株主配当にあてる比率（配当性向）を引き上げていこうという機運が高まってきている。

(2) 総合利回り

　最近では，この配当金に株式自体の値上がり益（キャピタルゲイン）あるいは値下がり損（キャピタルロス）を含めた総合利回りによって株式の投資採算を弾き出すという考え方が用いられることがある。

●総合利回り（一般式）●

株式総合利回り＝
$$\frac{\{1株当たり受取配当金合計＋(売却株価－買付株価)\}\div所有年数}{買付株価}\times 100$$

ケース1

A社の株式を1万株保有している。今期は1株5円の配当が見込まれる。現在の株価は800円。今期の予想配当利回りならびに予想配当収入はいくらか。手数料などは一切考慮しない。

1株5円の配当が支払われるわけなので，配当利回りは以下のとおり。

$$\frac{5}{800} \times 100 = 0.625\%$$

1株につき5円が支払われるわけだから，1万株では以下のとおり。

$$5 \times 10,000 = 50,000 \text{（円）}$$

ケース2

A株を800円で1万株購入，3年間保有した後で1,000円で売却できたとしよう。この場合，1年あたりの総合利回りはいくらであったか。3年間を通じて毎年1株5円の配当があったとする。手数料などは一切考慮しない。

総合利回りの算式に所定の数値を代入すればいい。

$$総合利回り = \frac{\{5万円 \times 3 + (1,000万円 - 800万円)\} \div 3}{800万円} \times 100 = 8.95\%$$

☆コラム☆

●時価総額●

時価総額とは，上場されている銘柄のすべての株を時価で評価すればどれだけの価値があるかを示すものである。過去最高の株価水準だった1989年末にはおおむね600兆円あったが，これが2012年7月現在では250兆円程度まで減少してきた。つまりこの間に，350兆円程度株式の価値が消滅してしまったのである。これが株式バブルの崩壊である。

59 不動産の利回り

不動産投資に伴って実現する利回りという考え方は成立するのでしょうか。たとえば購入した物件を賃貸に出して、定期的に賃料を得るといった場合には、この賃料がどの程度の利回りに相当するのか、といった考え方が可能なように思うのですが…。

Point

不動産における利回りは、一般的には投下元本（取得価額）に対して、その不動産から得られる賃貸収入がどの程度であるかで示される。表面上の賃貸収入のみをカウントするものが表面利回り、これに各種の経費などを加味したうえで算出される利回りが純利回りとよばれる。

解 説

利回りは本来、広義の意味での金融商品の収益性を統一的に計るために用いられているメジャー（モノサシ）だ。このため、不動産投資に際しても、利回りという概念が用いられることが少なくない。

不動産について、利回りという概念が用いられるのは、もっぱら購入不動産を賃貸にして定期的に賃貸料収入を得る場合だ。この場合には購入価額を投下元本とし、毎年得られる賃貸料収入などを収益として年利回りが計算される。

厳密には、不動産取得税、固定資産税、通常2年に一度の更新料収入なども考慮するのに加え、不動産経営に伴って発生する節税効果などを考慮して、実質的な利回りを計算するべきだ。ただし、実際には、次の式にあるように年間の賃貸料収入が購入価額（時価）に対してどの程度の比率であるかで示される。

この場合、不動産の賃貸事業にともなう経費を一切勘案しないで算出される"表面利回り"と、管理料などの経費を考慮したうえで算出され

る"純利回り"がある。

- - - ●不動産の表面利回り・純利回り（一般式）● - - -

$$\text{表面利回り}(\%) = \frac{\text{年間賃貸収入}}{\text{販売価格}} \times 100$$

$$\text{純利回り}(\%) = \frac{\text{年間純収益}}{\text{販売価格}} \times 100 = \frac{\text{年間賃貸収入} - \text{年間諸経費}}{\text{販売価格}} \times 100$$

ケース1

東京都下のある住宅街で中古のマンションが3,500万円で売りに出されている。オーナーチェンジで売られているのだが，家賃は月12万円。管理費などの経費は月に1万円かかる。この物件の表面利回りならびに純利回りはそれぞれいくらか。2年更新型で更新ごとに1ヵ月分の家賃12万円が礼金として手に入ることも考慮せよ。

オーナーチェンジとは，賃借人付きでの不動産を売買すること。つまり，その不動産のオーナーだけがチェンジするわけだ。経費を考慮しない賃貸事業収入は家賃のほかに2年に一度の礼金が含まれるので，利回りは以下の通りだ。

$$\text{表面利回り} = \frac{(12万円 \times 12) + 12 \div 2}{3,500万円} \times 100 = 4.28\%$$

$$\text{純利回り} = \frac{\{(12万円 \times 12) + 12 \div 2\} - 12}{3,500万円} \times 100 = 3.94\%$$

ケース2

以上の例で，純利回りが4.5%以上であるためには，この中古マンションの価格はいくらである必要があるか。

これは単純に純利回りを算出する式に，所定の数値を代入すればいい。

$$\text{純利回り} = \frac{\{(12万円 \times 12) + 12 \div 2\} - 12}{X万円} \times 100 = 4.5\%$$

X = 3,067万円

60 外貨建て商品の収益変動

外貨預金，外貨建て債券のように，ドルなどの外貨商品で資産を持っている場合には，実際の運用利回りは外国為替相場の変動で変わるといわれますが，これはなぜでしょうか。

Point

われわれが外貨建て商品でお金の運用を行おうとする場合には，普通①円通貨を外貨に換え→②その外貨で外貨商品を購入（預け入れ）し→③売却あるいは満期日に得られた外貨を円貨に換える——という操作が行われる。この場合，外貨として運用されている間に，その外貨の円貨に対する価値の変動があれば，①→③の総合的な利回り（実質利回り）は変わることになる。

解説

まず，最初に通貨価値の高低につき簡単に説明しておこう。

代表的な円とドルの為替をとりあげてみると，1ドル＝100円を基準として1ドル＝90円になれば，円のドルに対する価値が上昇したことを意味する。なぜなら100円の円貨でなければ1ドルに換えることができなかったのが，90円の円貨で1ドルに換えることができるようになったためである。当然のことながらこの場合は，ドルの円に対する価値は低下したことになる。

逆に，1ドル＝110円になれば，円安・ドル高（円の価値が下落，ドルの価値が上がる）である。

以下，為替相場の変動が実質運用利回りに影響するメカニズムを説明する。

●設例●

投資元本……200万円
起算日の円・ドル相場……1ドル＝100円
ドル商品の利回り……10%　ドル商品での運用期間……1年
1年後の円・ドル相場……1ドル＝95円の場合……Ⓐ
1年後の円・ドル相場……1ドル＝105円の場合……Ⓑ

　100万円の円貨を1ドル＝100円の変換レートでドルに換えるわけだから，1万ドルになる。これを10%で1年運用すれば1万1,000ドルになる。これを再び円貨に換えるわけだが，まずⒶの場合には次の通りとなる。

　1万1,000ドル×95(円)＝104.5万円
　したがって，円貨ベースでの実質運用利回りは4.5%となる。

$$実質利回り = \frac{104.5(万円) - 100(万円)/1}{100(万円)} \times 100 = 4.5\%$$

　Ⓑの場合には，以下のように実質利回りは15.5%となる。

　1万1,000ドル×105(円)＝115.5万円

$$実質利回り = \frac{115.5(万円) - 100(万円)/1}{100(万円)} \times 100 = 15.5\%$$

　起算日の円・ドル相場より，ドル安（円高）になった場合（Ⓐ）には実質利回りは低く，逆にドル高（円安）になった場合（Ⓑ）には，実質利回りは高くなることがわかる。これを直感的に理解するためには，次のように考えればよい。

　「流れの速い水流に乗せてやればやるほど元の流れに戻ったときには先へ進んでいる」——と。

　外貨での運用の基本は，「これから通貨価値が高くなると思われる通貨に転換し，ピークを打ちそうになったところで他の通貨に換える」ということになる。

61 外貨建て商品の実質利回り計算

最近，金融取引が国際的になってきたことに伴い，外貨建て商品の購入が活発になってきました。外貨商品については，その商品自体の利回りもさることながら，為替相場の変動により，その収益性は大きく変動するといわれます。具体的には，どのような計算によって，実質運用利回りが計算されるのでしょうか。

Point

円をドルに換えて，そのドルでドル建て商品（確定利付商品）を購入し，運用終了時点で，そのドルを円に換えるとする。この場合，円→ドル転換時の為替相場に比べ，ドル→円転換時の為替相場がどうであるかにより，ドル建て商品の表面利回り以上の実質利回りが得られたり，その逆であったりする。

この間の関係は，次のようになる。

> 円→ドル時に比べ，ドル→円時の相場が……。
> 円高・ドル安：実質利回り＜表面利回り
> 円安・ドル高：実質利回り＞表面利回り

解説

前章とも重複するが，円貨を外貨に換えた上で外貨建て商品を購入し，運用終了後得られる外貨を再び円貨に換えるという投資における当為替相場変動による投資効率の変動をまとめる。

ケース

次の条件において，各段階でのキャッシュフロー（資金の流れ）がどうであるかをみる。

┌─ ●設例● ─────────────────────────────┐
運用資金：100万円
運用商品：ドル建て2年物（確定利付）
運用利回り：6％（1年単利）
運用開始時(円→ドル)の為替相場：1ドル＝100円
運用終了時(ドル→円)の為替相場：1ドル＝ 80円【ケースⅠ】
運用終了時(ドル→円)の為替相場：1ドル＝120円【ケースⅡ】
└─────────────────────────────────────┘

この場合，各時点における資金の流れは次表のようになる。

	預入時の円ドルレート【1ドル＝100円】	
	円高・ドル安【ケースⅠ】ドル→円レート【1ドル＝80円】	円高・ドル高【ケースⅡ】ドル→円レート【1ドル＝120円】
当初元金	1,000,000円	1,000,000円
ドルに転換	10,000ドル	10,000ドル
1年目の元利合計	10,600ドル	10,600ドル
2年目の元利合計	11,200ドル	11,200ドル
円に転換	896,000円	1,344,000円
実質利回り	－5.20％	17.2％

┌─ ●外貨建て商品の実質運用利回り計算（一般式）● ──┐
$$実質運用利回り = \left[\left\{1+\left(\frac{利率}{100}\times\frac{日数}{365}\right)\right\}\times\frac{解約時為替レート}{預入時為替レート}-1\right]\times\frac{365}{日数}\times 100(\%)$$
└─────────────────────────────────────┘

第4部：投資型金融商品の利回り計算法

62 外貨預金の為替先物予約とは

外貨建て資産の運用で，為替変動リスクを回避するには，為替先物予約を組んでおく方法があるといわれます。外貨預金を例にとると，どうなるでしょうか。

Point

為替先物予約を組むというのは，たとえば外貨建て資産の運用終了時での外貨→円貨への転換を，あらかじめ行っておく（予約しておく）という方法である。通常，先行き1年以内の為替先物ならば自由に予約できる。こうすれば，資産運用終了時点で，その時の為替相場がどうであろうと，あらかじめ予約しておいた為替相場（交換レート）で，外貨を円貨に換えることができる。したがって，為替先物予約を組んだ時点で，円貨ベースでの実質運用利回りが確定することになる。

解説

円貨を外貨に換えて外貨建てで運用する場合，為替変動リスクを受けることになる。これはひとえに，その外貨を再び円貨に換えるときの換算レートが不確定であるためにほかならない。そうであるなら，あらかじめ外貨建て資産の運用終了時に合わせ，外貨を円貨に換える取引を予約しておけばよいわけだ。ドル預金（定期預金）を例に説明してみよう。

●設例●

〈1年定期ドル預金の場合〉
・預入額：100万円（円貨）
・預入時為替レート：1ドル＝100円
・ドル預金利回り：7％（1年もの）
・1年後の為替予約レート：1ドル＝98円50銭

一定の公式で，いきなり円貨ベースでの実質利回りを算出することもできるが，ここでは順を追って考えてみよう。
① 100万円を1ドル＝100円のレートでドルに転換すると1万ドル。
② 1万ドルを1年間7％で運用すると，1年後の元利金合計は1万700ドルとなる。
③ 1万700ドルを，1ドル＝98円50銭で円貨に換えると105万3,950円となる。
　1万700ドル×98円50銭＝105万3,950円
④ 円貨ベースでは，100万円が1年後に105万3,950円になる。
⑤ 実質利回りは次式から5.395％である。

$$利回り = \frac{(105万3{,}950円 - 100万円)/1}{100万円} \times 100 = 5.395（\%）$$

　このように，預入時に円貨をドルに換える（直物為替相場）と同時に，運用終了時点に合わせドルを円貨に換える（先物為替相場）という操作を行っておくと，実質利回りはその時点で確定する。
　こうして，直物為替と先物為替を同時に売り買いすることを"スワップを組む"と呼ぶ。現在実際に預け入れられている外貨預金のほとんどは，スワップを組んだうえでのものである。
　なおこのほか，預入時に先物為替予約を組むのではなく，その後の先物為替相場の動きをみながら，できるだけドル高（円安）になったレートで事後的に先物予約を行うという方法もある。

第5部
ローンの利息計算法

63 元金均等償還方式の計算

長期ローンの割賦返済のうち，元金均等償還方式がありますが，これはどのような前提に立って，どのように計算されるものなのでしょうか。

Point

長期借入金（ローン）の割賦返済方式には，①元金均等償還方式，②元利均等償還方式がある。このうち，①の元金均等償還方法とは，文字通り毎回返済すべき額のうち元本部分のみ（利息分は除く）を毎回一定額とする方法である。元本が毎回減少していくため，利息部分も順次減少していき，毎回の返済額は逓減していく。

解説

(1) 任意の回次の返済額

ケース1

100万円借り入れ，1年後に第1回目の返済を行い，以降1年ごとに返済し続けて10回目（10年目）に全額を返済し終える場合を考えてみよう。年利率は8％とする。

元金均等償還方式では，毎回返済すべき額は，①1回あたりの返済元金（借入金／返済回数）に，②前回の借入残高に対する利息を加える——と考える。このため，1回目以降の要返済額は次のようになる。

	①元金	前回の借入残高	②左に対する利息	合計(①+②)
1回目:	100,000	1,000,000	80,000	180,000
2回目:	100,000	900,000	72,000	172,000
3回目:	100,000	800,000	64,000	164,000

⋮	⋮	⋮	⋮	⋮
9回目：	100,000	200,000	16,000	116,000
10回目：	100,000	100,000	8,000	108,000
計：	1,000,000	――	440,000	1,440,000

では，これを一般式に直すとどうなるか。次のように変数を使ってみる。

当初借入額：T　　返済回数：n　　利率：r（年率／100）
特定の返済時：t　　各回の返済額合計：C

まず，各回における元金部分の返済額は $\frac{T}{n}$ となる。各回の利息支払い額は，当該回時点で発生した，前回の借入残高に対する利息となるので，次の式が成立する。

利息支払い額 $= \frac{T}{n} \times \{n - (t - 1)\} \times r$

たとえば，以上の例で3回目の利息支払い額はこの式により 64,000 円となることがわかる。

$\underline{100,000 \times \{10 - (3 - 1)\}} \times 0.08 = 64,000$
　　　　　↑
（2回目支払い後の借入残高）

したがって，任意の回次における返済金総額は次式で示される。

$$Ct = \frac{T}{n}\{1 + (n - t + 1)r\}$$

●元金均等償還方式の任意の回次の返済額計算（一般式）●

$$\text{各回次の要返済額} = \frac{\text{当初借入額}}{\text{返済回数}} \times \left\{ 1 + (\text{返済回数} - \text{当該回次} + 1) \times \frac{\text{利率}}{100} \right\}$$

（注：適用利率が変われば新利率を採用）

ケース2

当初借入額が1,200万円を，借り入れ時から1年目に第1回目の返済を行い，以降1年ごとに15回（15年）にわたって返済し終えるためには，借り入れ時からちょうど5年目の返済額はいくらになるか。元金均等償還方式で，利率は8.5%の固定金利とする。

$$x = \frac{12{,}000{,}000}{15} \times \left\{ 1 + (15 - 5 + 1) \times 0.085 \right\} = 1{,}548{,}000 \text{（円）}$$

(2) 支払利息の合計額

では，支払い利息合計はどのようにして求めることができるか。

前に説明したように，各回次の支払い利息は「$(n - t + 1) \times r \times \frac{\text{当初借入額}}{\text{返済回数}}$」である。ここで $(n - t + 1)$ についてのみ考えてみよう。

1回目：$10 - 1 + 1 = 10$
2回目：$10 - 2 + 1 = 9$
3回目：$10 - 3 + 1 = 8$
　　　　⋮
10回目：$10 - 10 + 1 = 1$

たとえばn（返済回数）＝10とすれば，各回次の $(n - t + 1)$ は左記のようになる。

したがって，この場合，支払い利息の合計額は次の式で求めることができる。

$$\text{支払い利息合計} = \frac{\text{当初借入額}}{10} \times (10 + 9 + 8 + 7 + \cdots\cdots + 2 + 1) \times r$$

これは等差級数の和だから，次式のように変形できる。

$$支払い利息合計 = \frac{当初借入額}{10} \times \frac{(10+1) \times 10}{2} \times r$$

したがって，支払い利息合計は，次の一般式として示すことができる。

●**元金均等償還方式の支払い利息の合計計算（一般式）**●

$$\frac{支払い利息}{の合計} = \frac{当初借入額}{返済回数} \times \left\{ \frac{(返済回数+1) \times 返済回数}{2} \right\} \times \frac{利率}{100}$$

ケース3

借入額800万円，返済回数10回，利率年6.5%の場合の支払い利息合計を求める。

$$支払い利息合計 = \frac{8{,}000{,}000}{10} \times \left\{ \frac{(10+1) \times 10}{2} \right\} \times 0.065 = 2{,}860{,}000（円）$$

次表は，元金均等償還方式の返済モデル例である。

●**元金均等償還方式のモデル例（1,000万円の10回返済，利率8%）**●

回次	元金返済	利息支払い	返済額合計	借入金残高
	円	円	円	円
借入時				10,000,000
1	1,000,000	800,000	1,800,000	9,000,000
2	1,000,000	720,000	1,720,000	8,000,000
3	1,000,000	640,000	1,640,000	7,000,000
4	1,000,000	560,000	1,560,000	6,000,000
5	1,000,000	480,000	1,480,000	5,000,000
6	1,000,000	400,000	1,400,000	4,000,000
7	1,000,000	320,000	1,320,000	3,000,000
8	1,000,000	240,000	1,240,000	2,000,000
9	1,000,000	160,000	1,160,000	1,000,000
10	1,000,000	80,000	1,080,000	0
合　計	10,000,000	4,400,000	14,400,000	—

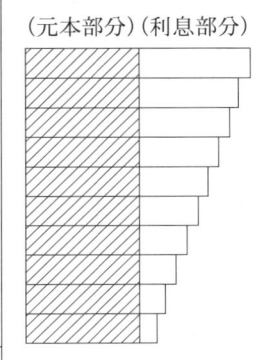

●**該当金融商品**●

個人向け住宅ローンなど

64 元利均等償還方式の計算

長期ローンの割賦返済については，毎回の返済額が同額となる元利均等償還方式があります。これはどのような前提に立って計算されるのでしょうか。

Point

"元利均等"という用語でわかるように，毎回支払うべき"元利"（元金と利息の合計＝1回あたりの返済額）が一定であるような返済方式である。考え方としては，①前返済時の借入金残高から当該返済回次までに生じた利息に，②元本の一部——を加えた額を毎回返済するというもの。そして①と②の合計が常に等しくなるような額が毎回次の返済額になるわけである。

第42章の「年金型商品の利回り計算」を理解された方はわかるだろうが，この元利均等償還方式は，年金取り崩しを全く逆からみたものにすぎない。元利均等償還方式は，資金の貸し手である金融機関等の側からみれば，まさしく「年金取り崩し」と同じ意味を持つわけだから……。このため第42章と記述が重複するが，ここでは借り手の立場に立って元利均等償還方式を説明しよう。

解説

ケース1

100万円を借りて，1年後から1年ごとに一定額ずつを元利均等償還方式で返済しようとした場合は，1回ごとの返済額はいくらになるか。返済回数は10回（10年後に完済），年利率は7%とする。

毎回返済する金額をx（万円，以下略）とすると，各返済時における返済直後の借入金残高（利息分含む）は次の通り（単位：万円）。

	返済直前の残高	返済直後の残高
1年後	107	$107 - x$
2年後	$(107 - x) \times 1.07$	$\{(107 - x) \times 1.07\} - x$
3年後	$[\{(107-x) \times 1.07\} - x] \times 1.07$	$[\{(107-x) \times 1.07\} - x] \times 1.07 - x$

もし3年後の返済直後の残高がゼロになるとすれば,

$$[\{(107 - x) \times 1.07\} - x] \times 1.07 - x = 0$$

$$107 - \left\{ x \times \frac{(1 + 1.07 + 1.07)^2}{(1.07)^2} \right\} = 0$$

このため,10年後の残高は次式で示せる。そして,その残高がゼロになればよいわけである。

$$107 - \left\{ x \times \frac{(1 + 1.07 + 1.07^2 + \cdots\cdots + 1.07^9)}{(1.07)^9} \right\} = 0$$

$$100 \times (1.07) - \left\{ x \times \frac{(1 + 1.07 + 1.07^2 + \cdots\cdots + 1.07^9)}{(1.07)^9} \right\} = 0$$

$$100 = x \times \frac{(1 + 1.07 + 1.07^2 + \cdots\cdots + 1.07^9)}{(1.07)^{10}} \cdots\cdots Ⓐ$$

第14章の等比級数の和の項で説明したように,右辺の分子は次のように変型することができる。

$$(1 + 1.07 + 1.07^2 + \cdots\cdots + 1.07^9) = \frac{(1.07)^{10} - 1}{(1.07 - 1)} = \frac{(1.07)^{10} - 1}{0.07}$$

これをⒶに代入すると,

$$100 = x \times \frac{(1.07)^{10} - 1}{(1.07)^{10} \times 0.07} = x \times \frac{1 - (1.07)^{-10}}{0.07}$$

$$(1.07)^{-10} = \frac{1}{(1.07)^{10}} \qquad x = 14.23775$$

つまり,毎回の返済額は14万2,378円となる。この式を x について解く式に変型すると次の通り。

$$x = 100 \times \frac{0.07}{1 - (1.07)^{-10}}$$

┌───┐
● **元利均等償還方式の毎回次の返済金額の計算（一般式）** ●

$$\text{毎回次の返済金額} = \text{当初借入額} \times \frac{\text{利率}/100}{1-(1+\text{利率}/100)^{-\text{返済回数}}}$$

したがって，完済時までに支払う利息総額は次式で求められる。

$$\text{支払い利息総額} = \left(\text{毎回次の返済金額} \times \text{返済回数}\right) - \text{当初借入額}$$
└───┘

ケース2

1,000万円を借り入れてから1年ごとに一定額を12回にわたり，元利均等償還方式で返済する場合，1回あたりの返済金額はいくらになるかを求める。利率は年8.5％とする。

$$\text{毎回次の返済金額} = 10{,}000{,}000 \times \frac{0.085}{1-(1+0.085)^{-12}} = 1{,}361{,}529 \text{（円）}$$

したがって，支払い利息の総額は次式で求められる。

$$(1{,}361{,}529 \times 12) - 10{,}000{,}000 = 6{,}338{,}348 \text{（円）}$$

ケース3

1,000万円を借り入れ，1ヵ月後から毎月一定額ずつを返済していく場合の毎回次の返済金額を考えてみよう。元利均等償還方式で，年利は7.2％，20年間（240回）にわたって返済するものとする。

$$\text{毎回次の返済金額} = 10{,}000{,}000 \times \frac{0.072/12}{1-(1+0.072/12)^{-240}} = 78{,}735 \text{（円）}$$

$$\text{支払い利息合計} = (78{,}735 \times 240) - 10{,}000{,}000 = 8{,}896{,}400 \text{（円）}$$

なお，任意の返済回次における利息の支払い額は，前回返済後の借入金残高に，その間の利率（年払いだと1年間，1ヵ月払いだと1ヵ月間）を乗じたものとなる。

したがって，次の式が成り立つ。

●元利均等償還方式の毎回次の返済金額中の元本部分の計算(一般式)●

$$元本部分 = 毎回の返済金額 - \left\{ \begin{pmatrix} 当該回次の前の \\ 回次の借入残高 \end{pmatrix} \times 利率 \right\}$$

●元利均等償還方式のモデル例(1,000万円の10回返済,利率8%)●

回次	元金返済	利息支払い	返済額合計	借入金残高
	円	円	円	円
借入時				10,000,000
1	690,295	800,000	1,490,295	9,309,705
2	745,519	744,776	1,490,295	8,564,186
3	805,160	685,135	1,490,295	7,759,026
4	869,573	620,722	1,490,295	6,889,453
5	939,139	551,156	1,490,295	5,950,314
6	1,014,270	476,025	1,490,295	4,936,044
7	1,095,411	394,884	1,490,295	3,840,633
8	1,183,044	307,251	1,490,295	2,657,589
9	1,277,688	212,607	1,490,295	1,379,901
10	1,379,901	110,392	1,490,293	0
合計	10,000,000	4,902,948	14,902,948	―

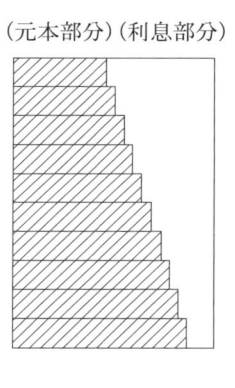

(元本部分)(利息部分)

※途中の利息等の計算は円未満を四捨五入で処理
それ以下の端数は最終返済時に調整

　上の表・グラフでわかる通り,この元利均等償還方式では,元金部分の返済が最初のうちは少なく,後になるほど多くなっている。このため,元本の減少速度が元金均等償還方式に比べて遅いため,支払い利息総額は相対的に多くなる。

●該当金融商品●

　住宅ローンなど各種消費者ローン

65 カードローンの利息計算法

銀行等が行う無担保融資の代表であるカードローンの利息計算は，どのような仕組みで行われているのでしょうか。基本はやはり住宅ローンなどと同じなのでしょうか。

Point
前回返済直後の未返済元本に利率を乗じたのが次回返済利息となる。実際に計算してみればわかることだが，毎月返済額に占める元本返済の割合が予想外に少ないことの認識が必要だ。

解 説

住宅ローンが長期ローンの代表だとすると短期ローンの代表格はカードローンだ。利用には一定の限度額（極度貸付額）が設定されており，この範囲ならいつでも自由に借入可能である。

取扱要項について各金融機関が自由に設定できるので，一口にカードローンといっても，その種類はさまざまである。以下ではもっぱら都市銀行が扱っているものについて説明する。

都市銀行が扱っているカードローンには，各行ごとにいくつかの点で違いがある。差異がある事項は以下のとおり。

(1) 与信限度額

年齢，年収，勤続年数，現住所での居住年数などの条件のもとで審査の結果，一定の借入限度額が設定されるが，その体系が微妙に異なる。

もっとも多いのは，初めて利用する人は30万円で，それ以降は取引実績などによって随時，限度額を引き上げていくというものだ。

この限度額引き上げを行うにあたっては，30万円を超えると50万円，

100万円となっていくのが普通。

(2) 毎月弁済金額

　カードローンが登場した初期の頃は「約定弁済条項」（いつまでに，最低どれだけ返済するか）がないケースも多かったが，最近ではまず例外なく，これが付いている。もっとも一般的なのが，毎月一定の期日に所定の金額が引き落とされるという定額返済。この「定額」の定め方については，一般には返済すべき借入残高の多寡によって決められている。たとえば，「30万円を超えると毎月2万円，それ以下だと同1万円」というようにだ。

　カードローンを借り入れた場合，その後の支払利息の計算の原理は非常に簡単だ。前回返済直後の未返済元本に，利率を乗じたものが次回返済利息となる。

　たとえば，年率13.9%で100万円を借りた場合，30日後に返済すべきだとすると，その時点の利息は1万1,425円になる。

$$100 万円 \times \frac{30 \times 13.9}{365 \times 100} = 11,425 円$$

　そして，毎月返済すべき金額が2万円だとすると，うち1万1,425円は利息分，残り8,575円が元本返済にあてられる。

　なお，実際の利息計算では，いくつか端数処理が行われる。

　1つは，付利単位が100円ということ。たとえば，元本が49万5,791円であっても，実際には49万5,700円に対して，利率が掛けられる。

　もう1つは，以上のようにして計算された利息に円未満の端数が生じた場合，それは切り捨てられる。

　このように計算される金利で一定の金額を借り入れた場合，その後の返済状況はどのようになるだろうか。

　A銀行から50万円借り入れて，毎月1万円ずつ返済していった場合を想定したのが次の表だ。

●50万円借入れ, 利率13.9%, 毎月1万円返済のシミュレーション（単位・円）●

回数(ヵ月)	利息返済	元本返済	定額返済額	元本残高	回数(ヵ月)	利息返済	元本返済	定額返済額	元本残高
1	5,791	4,209	10,000	495,791	\<途中省略\>				
2	5,741	4,259	10,000	491,532	58	1,884	8,116	10,000	154,665
3	5,693	4,307	10,000	487,225	59	1,790	8,210	10,000	146,455
4	5,643	4,357	10,000	482,868	60	1,695	8,305	10,000	138,150
5	5,592	4,408	10,000	478,460	61	1,599	8,401	10,000	129,749
6	5,541	4,459	10,000	474,001	62	1,502	8,498	10,000	121,251
7	5,490	4,510	10,000	469,491	63	1,403	8,597	10,000	112,654
8	5,437	4,563	10,000	464,928	64	1,304	8,696	10,000	103,958
9	5,385	4,615	10,000	460,313	65	1,203	8,797	10,000	95,161
10	5,331	4,669	10,000	455,644	66	1,101	8,899	10,000	86,262
11	5,277	4,723	10,000	450,921	67	998	9,002	10,000	77,260
12	5,222	4,778	10,000	446,143	68	894	9,106	10,000	68,154
13	5,167	4,833	10,000	441,310	69	788	9,212	10,000	58,942
14	5,111	4,889	10,000	436,421	70	682	9,318	10,000	49,624
15	5,054	4,946	10,000	431,475	71	574	9,426	10,000	40,198
16	4,997	5,003	10,000	426,472	72	464	9,536	10,000	30,662
17	4,939	5,061	10,000	421,411	73	354	9,646	10,000	21,016
18	4,881	5,119	10,000	416,292	74	243	9,757	10,000	11,259
19	4,820	5,180	10,000	411,112	75	129	9,871	10,000	1,388
20	4,761	5,239	10,000	405,873	76	15	1,388	10,000	0

　なお，ここでは計算を単純にするために，ある任意の返済時から次の返済時までの期間は，日数ではなく，12分の1年（約1ヵ月）としている。

　これによると，最初に返済する1万円の内訳は利息が5,791円，元本は4,209円でしかない。利息の返済金額のほうが多い。そして，こうした状態はむこう15ヵ月続く。いい方をかえると，毎月1万円ずつ合計15万円返済したとしても，実際の未返済元本残高は43万1,475円なのだ。

　つまり，返済金額合計15万円のうち，元本の返済にあてられた部分

は6万8,525円にしかすぎず，利息の返済額は8万1,475円にものぼる。こうして元本をすべて返済し終えるまでには，76ヵ月（6年4ヵ月）かかる計算だ。

☆コラム☆

●リボルビング方式●

　回転信用方式。金融機関やクレジット会社が顧客ごとに一定のクレジットライン（信用供与枠）を設定し，顧客は毎月一定以上の金額を返済していさえすれば，この金額の枠内で自由に割賦信用を受けることができるという方式。最低返済金額の定め方には一定額を定めた定額リボルビング，残高の一定割合を定める定率リボルビングなどがある。

第6部
各種財務係数の使い方

66 6つの財務係数

積立運用や年金取り崩し等のさまざまな資金の運用・回収形態について，あらかじめ計算された係数表が作成されているようですが，これはどのような考え方に基づき，どのように利用できるのでしょうか。

Point
財務係数の考え方は大別すると「一括運用」「一括預入・分割払い戻し」「積立運用」の3つのスタイルに分けられる。これらそれぞれの運用・回収形態において運用必要金額や回収可能金額を求めるために利用できるのが財務係数だ。

解 説

(1) 一括運用

「100万円を年率1.2%の年複利で運用していけば10年後にはいくらになっているか」，といった運用形態に関する財務係数。これを言い換えると，「10年後に200万円の資金を得たいのなら現在いくらの元本をもっている必要があるか，運用利率は年1.2%で複利運用」となる。

このうち元利合計を x とおくものが"終価係数"であり，元本 x を求める場合に用いられる係数が"現価係数"だ。

元本(P)	利率(i)	年数・期間(n)	元利合計(S)	
?	○	○	○	現価係数
○	○	○	?	終価係数

$S = P (1 + i)^n$

(2) 一括貸出し・分割返済（あるいは一括運用・定額取崩し）

これは，利率が決まっていて「1,500万円を20年間で返済するという

契約で人にお金を貸したが、毎年の受取元利はいくらか」といった計算に使うことができる。あるいはこの変形として「毎年50万円ずつ向こう20年で返済する場合、いくらまで借入可能か」という疑問にも答えることのできる。

元本、利率ならびに年限がわかっていて、毎年受け取ることができる金額を求める係数が"資本回収係数"であり、毎年の受取金額、年限ならびに利率から当初必要な元本を求めるものが"年金現価係数"だ。

貸出額(P)	利率(i)	年数・期間(n)	毎次受取額(R)…(資本回収係数)	
当初元本(P)	利率(i)	年数・期間(n)	毎次受取額(R)…(資本回収係数)	
○	○	○	?	資本回収係数
?	○	○	○	年金現価係数

$$R = P\left\{\frac{i}{(1+i)^n - 1} + i\right\} \cdots\cdots （期末法）$$

(3) 積立運用

「毎年5万円ずつ積み立てていった場合、複利運用利率が3%であれば10年後にはいくらになっているか」とか「10年後に500万円の元利金が必要であるとき、複利運用利率を4%と想定すれば、毎年いくらずつ積み立てていけばいいか」といった用途に使うことができる係数がこれである。

このうち、一定期間後の元利金額を求める係数を"年金終価係数"と呼び、逆にあらかじめ貯蓄目的金額ならびに年限、運用利率が明らかになっていて必要な積立金額を求める係数を"減債基金係数"という。

年次積立額(R)	利率(i)	年数・期間(n)	元利合計(S)	
○	○	○	?	年金終価係数
?	○	○	○	減債基金係数

$$S = R\left\{\frac{(1+i)^n - 1}{i}\right\} \cdots\cdots （期末法）$$

67 終価係数

元本，利率，運用期間が決まっていて元利合計を求めるときに使える終価係数はどのように具体的に利用できるのでしょうか。

Point

終価係数は，毎年一定の割合で増えていった場合，一定の期間後にはいくらになっているかを示す係数。複利運用計算ならびにインフレ進行に伴う物価水準の予想に用いられる。

解説

預け置いてある一定の元本を一定の利率で複利運用していけば一定期間後にはいくらになっているかを示す係数を終価係数という。これは一括預け入れした元本が一定期間後にはいくらの元利合計になって手元に戻ってくるかを計算するに際して用いられるべきものである。複利表として利用されることが多い。

たとえば現在の 200 万円を年利 1.2% で 20 年間運用し続けていった場合に 20 年後に得ることができる元利合計金額は，右表の i = 1.2%，n = 20（年）が交差する係数（1.2694）から次のように求めることができる。

200 × 1.2694 = 253.88（万円）

なお，これはなにも預金の元利合計金額がどのようなピッチで増えていくかを見るだけではなく，インフレ率の計算においても用いることができる。

たとえば，毎年平均して 2% でインフレが進行すると仮定した場合には，20 年後には平均的な物価は現在にくらべて 1.5 倍程度になっているというように見当を付けることができる。

● 終価係数表 ●

(i = 利率（%），n = 期間)

n \ i	0.2	0.4	0.6	0.8	1.0	1.2	1.4	1.6	1.8	2.0	2.2	2.4
1	1.0020	1.0040	1.0060	1.0080	1.0100	1.0120	1.0140	1.0160	1.0180	1.0200	1.0220	1.0240
2	1.0040	1.0080	1.0120	1.0161	1.0201	1.0241	1.0282	1.0323	1.0363	1.0404	1.0445	1.0486
3	1.0060	1.0120	1.0181	1.0242	1.0303	1.0364	1.0426	1.0488	1.0550	1.0612	1.0675	1.0737
4	1.0080	1.0161	1.0242	1.0324	1.0406	1.0489	1.0572	1.0656	1.0740	1.0824	1.0909	1.0995
5	1.0100	1.0202	1.0304	1.0406	1.0510	1.0615	1.0720	1.0826	1.0933	1.1041	1.1149	1.1259
6	1.0121	1.0242	1.0365	1.0490	1.0615	1.0742	1.0870	1.0999	1.1130	1.1262	1.1395	1.1529
7	1.0141	1.0283	1.0428	1.0574	1.0721	1.0871	1.1022	1.1175	1.1330	1.1487	1.1645	1.1806
8	1.0161	1.0325	1.0490	1.0658	1.0829	1.1001	1.1176	1.1354	1.1534	1.1717	1.1902	1.2089
9	1.0181	1.0366	1.0553	1.0743	1.0937	1.1133	1.1333	1.1536	1.1742	1.1951	1.2163	1.2379
10	1.0202	1.0407	1.0616	1.0829	1.1046	1.1267	1.1492	1.1720	1.1953	1.2190	1.2431	1.2677
11	1.0222	1.0449	1.0680	1.0916	1.1157	1.1402	1.1652	1.1908	1.2168	1.2434	1.2705	1.2981
12	1.0243	1.0491	1.0744	1.1003	1.1268	1.1539	1.1816	1.2098	1.2387	1.2682	1.2984	1.3292
13	1.0263	1.0533	1.0809	1.1091	1.1381	1.1677	1.1981	1.2292	1.2610	1.2936	1.3270	1.3611
14	1.0284	1.0575	1.0874	1.1180	1.1495	1.1818	1.2149	1.2489	1.2837	1.3195	1.3562	1.3938
15	1.0304	1.0617	1.0939	1.1270	1.1610	1.1959	1.2319	1.2688	1.3068	1.3459	1.3860	1.4272
16	1.0325	1.0660	1.1004	1.1360	1.1726	1.2103	1.2491	1.2891	1.3303	1.3728	1.4165	1.4615
17	1.0345	1.0702	1.1070	1.1451	1.1843	1.2248	1.2666	1.3098	1.3543	1.4002	1.4477	1.4966
18	1.0366	1.0745	1.1137	1.1542	1.1961	1.2395	1.2843	1.3307	1.3787	1.4282	1.4795	1.5325
19	1.0387	1.0788	1.1204	1.1635	1.2081	1.2544	1.3023	1.3520	1.4035	1.4568	1.5121	1.5693
20	1.0408	1.0831	1.1271	1.1728	1.2202	1.2694	1.3206	1.3736	1.4287	1.4859	1.5453	1.6069
21	1.0429	1.0874	1.1339	1.1821	1.2324	1.2847	1.3391	1.3956	1.4545	1.5157	1.5793	1.6455
22	1.0449	1.0918	1.1407	1.1916	1.2447	1.3001	1.3578	1.4180	1.4806	1.5460	1.6141	1.6850
23	1.0470	1.0962	1.1475	1.2011	1.2572	1.3157	1.3768	1.4406	1.5073	1.5769	1.6496	1.7254
24	1.0491	1.1005	1.1544	1.2107	1.2697	1.3315	1.3961	1.4637	1.5344	1.6084	1.6859	1.7668
25	1.0512	1.1050	1.1613	1.2204	1.2824	1.3475	1.4156	1.4871	1.5620	1.6406	1.7229	1.8093
26	1.0533	1.1094	1.1683	1.2302	1.2953	1.3636	1.4354	1.5109	1.5902	1.6734	1.7609	1.8527
27	1.0554	1.1138	1.1753	1.2400	1.3082	1.3800	1.4555	1.5351	1.6188	1.7069	1.7996	1.8971
28	1.0575	1.1183	1.1823	1.2500	1.3213	1.3965	1.4759	1.5596	1.6479	1.7410	1.8392	1.9427
29	1.0597	1.1227	1.1894	1.2600	1.3345	1.4133	1.4966	1.5846	1.6776	1.7758	1.8796	1.9893
30	1.0618	1.1272	1.1966	1.2700	1.3478	1.4303	1.5175	1.6099	1.7078	1.8114	1.9210	2.0370

第6部：各種財務係数の使い方

68 現価係数

元利合計，利率，運用期間が決まっていて元本を求めるときに使える現価係数は，どのように具体的に利用できるのでしょうか。

Point

現価係数は，一定期間後の金額と運用利率から現在必要な元本を求めるために用いられる係数。目標金額達成のための元本を求めたり，インフレによる通貨価値の目減りの程度を知る場合に利用できる。

解説

現価係数は，たとえば『10年後までに，1,000万円貯めたいが，そのためには現在手元にいくらあればいいか。毎年の運用利率を年1.0%とする』といった問いに簡単に答えることを前提にしてあらかじめ計算されている係数である。数式は次のようになっている。

現在価値＝ n 年後の元利合計 $\times \dfrac{1}{(1+i)^n}$

たとえば上の例だと，$i = 1.0\%$，$n = 10$（年）が交差するところの0.9053という係数を利用して905万3,000円（1,000万円×0.9053）という金額を求めることができる。

このほか，①インフレの進行にともなって通貨の価値がどの程度目減りするか，②現在一括して借り入れた通貨の価値がどの程度目減りするか——といった目的にも用いることができる。

たとえば上の例だと『現在の1,000万円は10年先の905万3,000円』『現在借り入れた1,000万円は10年先には905万3,000円に目減りしている』という利用法もある。

● 現価係数表 ●

(i = 利率(%), n = 期間)

n \ i	0.2	0.4	0.6	0.8	1.0	1.2	1.4	1.6	1.8	2.0	2.2	2.4
1	0.9980	0.9960	0.9940	0.9921	0.9901	0.9881	0.9862	0.9843	0.9823	0.9804	0.9785	0.9766
2	0.9960	0.9920	0.9881	0.9842	0.9803	0.9764	0.9726	0.9688	0.9649	0.9612	0.9574	0.9537
3	0.9940	0.9881	0.9822	0.9764	0.9706	0.9648	0.9591	0.9535	0.9479	0.9423	0.9368	0.9313
4	0.9920	0.9842	0.9764	0.9686	0.9610	0.9534	0.9459	0.9385	0.9311	0.9238	0.9166	0.9095
5	0.9901	0.9802	0.9705	0.9609	0.9515	0.9421	0.9328	0.9237	0.9147	0.9057	0.8969	0.8882
6	0.9881	0.9763	0.9647	0.9533	0.9420	0.9309	0.9200	0.9092	0.8985	0.8880	0.8776	0.8674
7	0.9861	0.9724	0.9590	0.9457	0.9327	0.9199	0.9073	0.8948	0.8826	0.8706	0.8587	0.8470
8	0.9841	0.9686	0.9533	0.9382	0.9235	0.9090	0.8947	0.8807	0.8670	0.8535	0.8402	0.8272
9	0.9822	0.9647	0.9476	0.9308	0.9143	0.8982	0.8824	0.8669	0.8517	0.8368	0.8221	0.8078
10	0.9802	0.9609	0.9419	0.9234	0.9053	0.8876	0.8702	0.8532	0.8366	0.8203	0.8044	0.7889
11	0.9783	0.9570	0.9363	0.9161	0.8963	0.8770	0.8582	0.8398	0.8218	0.8043	0.7871	0.7704
12	0.9763	0.9532	0.9307	0.9088	0.8874	0.8666	0.8463	0.8266	0.8073	0.7885	0.7702	0.7523
13	0.9744	0.9494	0.9252	0.9016	0.8787	0.8564	0.8347	0.8135	0.7930	0.7730	0.7536	0.7347
14	0.9724	0.9456	0.9197	0.8944	0.8700	0.8462	0.8231	0.8007	0.7790	0.7579	0.7374	0.7175
15	0.9705	0.9419	0.9142	0.8873	0.8613	0.8362	0.8118	0.7881	0.7652	0.7430	0.7215	0.7006
16	0.9685	0.9381	0.9087	0.8803	0.8528	0.8263	0.8006	0.7757	0.7517	0.7284	0.7060	0.6842
17	0.9666	0.9344	0.9033	0.8733	0.8444	0.8165	0.7895	0.7635	0.7384	0.7142	0.6908	0.6682
18	0.9647	0.9307	0.8979	0.8664	0.8360	0.8068	0.7786	0.7515	0.7253	0.7002	0.6759	0.6525
19	0.9627	0.9270	0.8926	0.8595	0.8277	0.7972	0.7679	0.7396	0.7125	0.6864	0.6614	0.6372
20	0.9608	0.9233	0.8872	0.8527	0.8195	0.7878	0.7573	0.7280	0.6999	0.6730	0.6471	0.6223
21	0.9589	0.9196	0.8819	0.8459	0.8114	0.7784	0.7468	0.7165	0.6875	0.6598	0.6332	0.6077
22	0.9570	0.9159	0.8767	0.8392	0.8034	0.7692	0.7365	0.7052	0.6754	0.6468	0.6196	0.5935
23	0.9551	0.9123	0.8715	0.8325	0.7954	0.7601	0.7263	0.6941	0.6634	0.6342	0.6062	0.5796
24	0.9532	0.9086	0.8663	0.8259	0.7876	0.7510	0.7163	0.6832	0.6517	0.6217	0.5932	0.5660
25	0.9513	0.9050	0.8611	0.8194	0.7798	0.7421	0.7064	0.6724	0.6402	0.6095	0.5804	0.5527
26	0.9494	0.9014	0.8560	0.8129	0.7720	0.7333	0.6966	0.6619	0.6289	0.5976	0.5679	0.5398
27	0.9475	0.8978	0.8509	0.8064	0.7644	0.7246	0.6870	0.6514	0.6177	0.5859	0.5557	0.5271
28	0.9456	0.8942	0.8458	0.8000	0.7568	0.7161	0.6775	0.6412	0.6068	0.5744	0.5437	0.5148
29	0.9437	0.8907	0.8407	0.7937	0.7493	0.7076	0.6682	0.6311	0.5961	0.5631	0.5320	0.5027
30	0.9418	0.8871	0.8357	0.7874	0.7419	0.6992	0.6590	0.6211	0.5856	0.5521	0.5206	0.4909

69 資本回収係数

当初元本，利率，運用期間が決まっていて毎回時受け取れる金額を求めるときに使える資本回収係数は，どのように具体的に利用できるのでしょうか。

Point

資本回収係数は，利率，年限から毎年取り崩すことができる金額を求める場合に利用することができる係数。住宅ローンなどで利率，返済期限が決まっていて毎年の返済額を求める場合にも使える。

解説

あらかじめ投下した資本を一定の利回りで回しながら一定の期間内に回収するためには，毎年どの程度の資金を回収すればいいのかという意味で資本回収係数という。

たとえば金融機関が1,000万円の住宅ローンを貸し付けた場合，これを20年間で回収するためには毎年いくらずつの返済を受ければいいのかといった事例に用いられる。たとえばローン金利（運用金利）を2.4％としよう。

この場合には，$i = 2.4\%$，$n = 20$（年）が交差する係数（0.0635）から，毎年63万5,000円（1,000万円×0.0635）の金額を回収すればいいことが分かる。むろんこれは，住宅ローンを負っている側からすると，63万5,000円ずつを返済していけばいいということでもある。

このほか，退職金を一定の利回りで運用して一定の期間内に使い切ってしまいたい場合，毎年いくらずつ使えるか，というケースでも利用することができる。

●資本回収係数表（期末法）●

(i＝利率（％），n＝期間)

n \ i	0.2	0.4	0.6	0.8	1.0	1.2	1.4	1.6	1.8	2.0	2.2	2.4
1	1.0020	1.0040	1.0060	1.0080	1.0100	1.0120	1.0140	1.0160	1.0180	1.0200	1.0220	1.0240
2	0.5015	0.5030	0.5045	0.5060	0.5075	0.5090	0.5105	0.5120	0.5135	0.5150	0.5166	0.5181
3	0.3347	0.3360	0.3373	0.3387	0.3400	0.3414	0.3427	0.3441	0.3454	0.3468	0.3481	0.3495
4	0.2513	0.2525	0.2538	0.2550	0.2563	0.2575	0.2588	0.2601	0.2614	0.2626	0.2639	0.2652
5	0.2012	0.2024	0.2036	0.2048	0.2060	0.2073	0.2085	0.2097	0.2109	0.2122	0.2134	0.2146
6	0.1678	0.1690	0.1702	0.1714	0.1725	0.1737	0.1749	0.1761	0.1773	0.1785	0.1797	0.1809
7	0.1440	0.1452	0.1463	0.1475	0.1486	0.1498	0.1510	0.1521	0.1533	0.1545	0.1557	0.1569
8	0.1261	0.1273	0.1284	0.1295	0.1307	0.1318	0.1330	0.1342	0.1353	0.1365	0.1377	0.1389
9	0.1122	0.1133	0.1145	0.1156	0.1167	0.1179	0.1190	0.1202	0.1213	0.1225	0.1237	0.1249
10	0.1011	0.1022	0.1033	0.1045	0.1056	0.1067	0.1079	0.1090	0.1102	0.1113	0.1125	0.1137
11	0.0920	0.0931	0.0942	0.0953	0.0965	0.0976	0.0987	0.0999	0.1010	0.1022	0.1033	0.1045
12	0.0844	0.0855	0.0866	0.0877	0.0888	0.0900	0.0911	0.0923	0.0934	0.0946	0.0957	0.0969
13	0.0780	0.0791	0.0802	0.0813	0.0824	0.0835	0.0847	0.0858	0.0870	0.0881	0.0893	0.0905
14	0.0725	0.0736	0.0747	0.0758	0.0769	0.0780	0.0792	0.0803	0.0814	0.0826	0.0838	0.0849
15	0.0677	0.0688	0.0699	0.0710	0.0721	0.0732	0.0744	0.0755	0.0767	0.0778	0.0790	0.0802
16	0.0636	0.0646	0.0657	0.0668	0.0679	0.0691	0.0702	0.0713	0.0725	0.0737	0.0748	0.0760
17	0.0599	0.0610	0.0621	0.0631	0.0643	0.0654	0.0665	0.0677	0.0688	0.0700	0.0711	0.0723
18	0.0566	0.0577	0.0588	0.0599	0.0610	0.0621	0.0632	0.0644	0.0655	0.0667	0.0679	0.0691
19	0.0537	0.0548	0.0558	0.0569	0.0581	0.0592	0.0603	0.0615	0.0626	0.0638	0.0650	0.0662
20	0.0511	0.0521	0.0532	0.0543	0.0554	0.0565	0.0577	0.0588	0.0600	0.0612	0.0623	0.0635
21	0.0487	0.0497	0.0508	0.0519	0.0530	0.0542	0.0553	0.0564	0.0576	0.0588	0.0600	0.0612
22	0.0465	0.0476	0.0487	0.0498	0.0509	0.0520	0.0531	0.0543	0.0554	0.0566	0.0578	0.0590
23	0.0445	0.0456	0.0467	0.0478	0.0489	0.0500	0.0512	0.0523	0.0535	0.0547	0.0559	0.0571
24	0.0427	0.0438	0.0449	0.0460	0.0471	0.0482	0.0493	0.0505	0.0517	0.0529	0.0541	0.0553
25	0.0410	0.0421	0.0432	0.0443	0.0454	0.0465	0.0477	0.0488	0.0500	0.0512	0.0524	0.0537
26	0.0395	0.0406	0.0417	0.0428	0.0439	0.0450	0.0462	0.0473	0.0485	0.0497	0.0509	0.0521
27	0.0381	0.0391	0.0402	0.0413	0.0424	0.0436	0.0447	0.0459	0.0471	0.0483	0.0495	0.0508
28	0.0368	0.0378	0.0389	0.0400	0.0411	0.0423	0.0434	0.0446	0.0458	0.0470	0.0482	0.0495
29	0.0355	0.0366	0.0377	0.0388	0.0399	0.0410	0.0422	0.0434	0.0446	0.0458	0.0470	0.0483
30	0.0344	0.0354	0.0365	0.0376	0.0387	0.0399	0.0411	0.0422	0.0434	0.0446	0.0459	0.0471

（注）期末法……毎年期初ではなく，期末に取り崩す（返済する）とした場合の係数

第6部：各種財務係数の使い方

70 年金現価係数

利率，運用期間，毎回時受け取れる金額が決まっていて，そのために必要な当初元本金額を求めるときに使える年金現価係数はどのように具体的に利用できるのでしょうか。

Point
年金現価係数は，毎年の受取り金額，年数から当初必要な元本を計算するに際して必要とされる係数。毎年一定の年金額を受け取るためにはあらかじめいくらの金額を用意していればいいのかが算出できる。

解説

年金現価係数は，一定の金額を今後毎年一定の年数にわたって受け取るためには，一定の利率で運用できるとしてあらかじめいくら用意しておけばいいのか，といった利用に応えることができる係数である。次の式によって計算されている。

$$現在価値 = \frac{n\,期間継続して支払われる毎期支払額} \times \frac{(1+i)^n - 1}{i(1+i)^n}$$

たとえば，61歳以降80歳に至るまでの20年間，毎年250万円の生活資金が必要なのだが，そのためには61歳の時点でいくら用意しておけばいいのだろうか。運用利率は年1.8％とする。

この場合には，$i=1.8\%$，$n=20$（年）が交差する係数（16.6715）から，4,167万8,750円（250万円×16.6715）が必要なことがわかる。

以上を逆から見ると，毎年一定の金額を返済できる人は，最大限最初にどれだけの借り入れが可能か，という問いにも応えることができる。

たとえば年間120万円の返済が可能な人が15年のローン（利率2.2％）を借り入れる場合には，1,519万920円の借り入れが可能だ。

●年金現価係数表（期末法）●

(i＝利率（％），n＝期間）

n \ i	0.2	0.4	0.6	0.8	1.0	1.2	1.4	1.6	1.8	2.0	2.2	2.4
1	0.9980	0.9960	0.9940	0.9921	0.9901	0.9881	0.9862	0.9843	0.9823	0.9804	0.9785	0.9766
2	1.9940	1.9881	1.9821	1.9763	1.9704	1.9646	1.9588	1.9530	1.9473	1.9416	1.9359	1.9302
3	2.9880	2.9762	2.9644	2.9526	2.9410	2.9294	2.9179	2.9065	2.8952	2.8839	2.8727	2.8616
4	3.9801	3.9603	3.9407	3.9213	3.9020	3.8828	3.8638	3.8450	3.8263	3.8077	3.7893	3.7711
5	4.9701	4.9406	4.9112	4.8822	4.8534	4.8249	4.7967	4.7687	4.7409	4.7135	4.6862	4.6592
6	5.9582	5.9169	5.8760	5.8355	5.7955	5.7559	5.7166	5.6778	5.6394	5.6014	5.5638	5.5266
7	6.9443	6.8893	6.8350	6.7813	6.7282	6.6757	6.6239	6.5727	6.5220	6.4720	6.4225	6.3736
8	7.9285	7.8579	7.7882	7.7195	7.6517	7.5847	7.5186	7.4534	7.3890	7.3255	7.2627	7.2008
9	8.9107	8.8226	8.7358	8.6503	8.5660	8.4829	8.4010	8.3203	8.2407	8.1622	8.0849	8.0086
10	9.8909	9.7835	9.6778	9.5737	9.4713	9.3705	9.2712	9.1735	9.0773	8.9826	8.8893	8.7975
11	10.8691	10.7405	10.6141	10.4898	10.3676	10.2475	10.1294	10.0133	9.8991	9.7868	9.6764	9.5678
12	11.8454	11.6937	11.5448	11.3986	11.2551	11.1141	10.9758	10.8399	10.7064	10.5753	10.4466	10.3202
13	12.8198	12.6432	12.4700	12.3002	12.1337	11.9705	11.8104	11.6534	11.4994	11.3484	11.2002	11.0548
14	13.7922	13.5888	13.3897	13.1947	13.0037	12.8167	12.6335	12.4541	12.2784	12.1062	11.9376	11.7723
15	14.7627	14.5307	14.3038	14.0820	13.8651	13.6529	13.4453	13.2423	13.0436	12.8493	12.6591	12.4729
16	15.7312	15.4688	15.2126	14.9623	14.7179	14.4791	14.2459	14.0180	13.7953	13.5777	13.3650	13.1572
17	16.6978	16.4032	16.1159	15.8356	15.5623	15.2956	15.0354	14.7815	14.5337	14.2919	14.0558	13.8254
18	17.6625	17.3339	17.0138	16.7020	16.3983	16.1023	15.8140	15.5330	15.2590	14.9920	14.7317	14.4779
19	18.6253	18.2608	17.9063	17.5615	17.2260	16.8995	16.5818	16.2726	15.9716	15.6785	15.3931	15.1151
20	19.5861	19.1841	18.7936	18.4142	18.0456	17.6873	17.3391	17.0006	16.6715	16.3514	16.0402	15.7374
21	20.5450	20.1037	19.6755	19.2601	18.8570	18.4657	18.0859	17.7171	17.3590	17.0112	16.6734	16.3452
22	21.5020	21.0196	20.5522	20.0993	19.6604	19.2349	18.8224	18.4223	18.0344	17.6580	17.2929	16.9386
23	22.4571	21.9319	21.4237	20.9319	20.4558	19.9950	19.5487	19.1165	18.6978	18.2922	17.8991	17.5182
24	23.4103	22.8405	22.2899	21.7578	21.2434	20.7460	20.2650	19.7997	19.3495	18.9139	18.4923	18.0842
25	24.3615	23.7455	23.1510	22.5772	22.0232	21.4881	20.9714	20.4721	19.9897	19.5235	19.0727	18.6369
26	25.3109	24.6469	24.0070	23.3901	22.7952	22.2215	21.6680	21.1340	20.6186	20.1210	19.6406	19.1766
27	26.2584	25.5448	24.8578	24.1965	23.5596	22.9461	22.3551	21.7854	21.2363	20.7069	20.1963	19.7038
28	27.2040	26.4390	25.7036	24.9965	24.3164	23.6622	23.0326	22.4266	21.8432	21.2813	20.7400	20.2185
29	28.1477	27.3297	26.5444	25.7902	25.0658	24.3697	23.7008	23.0577	22.4392	21.8444	21.2720	20.7212
30	29.0895	28.2168	27.3801	26.5776	25.8077	25.0689	24.3598	23.6788	23.0248	22.3965	21.7926	21.2121

（注）期末法……毎年の受取りを期初ではなく期末に受取るとした場合の係数

71 年金終価係数

利率，運用期間，毎回時積立金額が決まっていて，元利合計金額を求めるときに使える年金終価係数は，どのように具体的に利用できるのでしょうか。

Point

定期的に定額ずつ複利積立式運用を行った場合の一定期間後における元利合計金額を求めるに際して利用できる係数を年金終価係数という。

解説

いわゆる積立式での複利運用を行った場合に，一定期間後に元利合計金額がどの程度になっているかを知るために利用できる係数である。

積立は定期的であることに加え，毎回の積立金額も一定であるという前提に立って計算される。具体的には次の計算式によって弾き出されている。

$$n\text{年後の元利合計} = n\text{期間継続して支払われる毎期支払額} \times \frac{(1+i)^n - 1}{i}$$

たとえば贈与税の非課税限度ギリギリの毎年110万円ずつ受贈していく場合，年2.0%で複利運用していくことができれば10年後にはいくらになっているだろうか。

この場合には，$i = 2.0\%$，$n = 10$（年）の交差している係数（10.9497）から，1,204万4,670円（110万円×10.9497）となる。

●年金終価係数表（期末法）●

(i ＝利率(%)，n ＝期間)

n \ i	0.2	0.4	0.6	0.8	1.0	1.2	1.4	1.6	1.8	2.0	2.2	2.4
1	1.0000	1.0000	1.0000	1.0000	1.0000	1.0000	1.0000	1.0000	1.0000	1.0000	1.0000	1.0000
2	2.0020	2.0040	2.0060	2.0080	2.0100	2.0120	2.0140	2.0160	2.0180	2.0200	2.0220	2.0240
3	3.0060	3.0120	3.0180	3.0241	3.0301	3.0361	3.0422	3.0483	3.0543	3.0604	3.0665	3.0726
4	4.0120	4.0241	4.0361	4.0483	4.0604	4.0726	4.0848	4.0970	4.1093	4.1216	4.1339	4.1463
5	5.0200	5.0402	5.0604	5.0806	5.1010	5.1214	5.1420	5.1626	5.1833	5.2040	5.2249	5.2458
6	6.0301	6.0603	6.0907	6.1213	6.1520	6.1829	6.2140	6.2452	6.2766	6.3081	6.3398	6.3717
7	7.0421	7.0846	7.1273	7.1703	7.2135	7.2571	7.3010	7.3451	7.3895	7.4343	7.4793	7.5247
8	8.0562	8.1129	8.1700	8.2276	8.2857	8.3442	8.4032	8.4626	8.5226	8.5830	8.6439	8.7052
9	9.0723	9.1454	9.2191	9.2934	9.3685	9.4443	9.5208	9.5980	9.6760	9.7546	9.8340	9.9142
10	10.0905	10.1819	10.2744	10.3678	10.4622	10.5576	10.6541	10.7516	10.8501	10.9497	11.0504	11.1521
11	11.1107	11.2227	11.3360	11.4507	11.5668	11.6843	11.8033	11.9236	12.0454	12.1687	12.2935	12.4198
12	12.1329	12.2676	12.4040	12.5423	12.6825	12.8246	12.9685	13.1144	13.2623	13.4121	13.5639	13.7178
13	13.1571	13.3166	13.4785	13.6427	13.8093	13.9784	14.1501	14.3242	14.5010	14.6803	14.8623	15.0471
14	14.1835	14.3699	14.5593	14.7518	14.9474	15.1462	15.3482	15.5534	15.7620	15.9739	16.1893	16.4082
15	15.2118	15.4274	15.6467	15.8698	16.0969	16.3279	16.5630	16.8023	17.0457	17.2934	17.5455	17.8020
16	16.2423	16.4891	16.7406	16.9968	17.2579	17.5239	17.7949	18.0711	18.3525	18.6393	18.9315	19.2292
17	17.2747	17.5550	17.8410	18.1328	18.4304	18.7342	19.0441	19.3602	19.6829	20.0121	20.3480	20.6907
18	18.3093	18.6253	18.9480	19.2778	19.6147	19.9590	20.3107	20.6700	21.0372	21.4123	21.7956	22.1873
19	19.3459	19.6998	20.0617	20.4320	20.8109	21.1985	21.5950	22.0007	22.4158	22.8406	23.2751	23.7198
20	20.3846	20.7786	21.1821	21.5955	22.0190	22.4529	22.8974	23.3527	23.8193	24.2974	24.7872	25.2891
21	21.4254	21.8617	22.3092	22.7683	23.2392	23.7223	24.2179	24.7264	25.2481	25.7833	26.3325	26.8960
22	22.4682	22.9491	23.4431	23.9504	24.4716	25.0070	25.5570	26.1220	26.7025	27.2990	27.9118	28.5415
23	23.5132	24.0409	24.5837	25.1420	25.7163	26.3070	26.9148	27.5400	28.1832	28.8450	29.5259	30.2265
24	24.5602	25.1371	25.7312	26.3432	26.9735	27.6227	28.2916	28.9806	29.6905	30.4219	31.1755	31.9520
25	25.6093	26.2376	26.8856	27.5539	28.2432	28.9542	29.6877	30.4443	31.2249	32.0303	32.8613	33.7188
26	26.6605	27.3426	28.0469	28.7743	29.5256	30.3017	31.1033	31.9314	32.7870	33.6709	34.5843	35.5281
27	27.7138	28.4519	29.2152	30.0045	30.8209	31.6653	32.5387	33.4423	34.3771	35.3443	36.3451	37.3807
28	28.7693	29.5658	30.3905	31.2446	32.1291	33.0453	33.9943	34.9774	35.9959	37.0512	38.1447	39.2779
29	29.8268	30.6840	31.5728	32.4945	33.4504	34.4418	35.4702	36.5370	37.6438	38.7922	39.9839	41.2205
30	30.8865	31.8068	32.7623	33.7545	34.7849	35.8551	36.9668	38.1216	39.3214	40.5681	41.8635	43.2098

（注）期末法……毎年期初ではなく期末に積立を行ったとした場合の係数

72 減債基金係数

利率，運用期間，元利合計金額が決まっていてそのために必要な毎回時積立金額を求めるときに使える減債基金係数は，どのように具体的に利用できるのでしょうか。

Point

減債基金係数は，あらかじめ貯蓄目標金額，年限が与えられている場合に，それを達成するためには毎年定期的にどれだけためればいいのかを示す係数。積立年額の早見表として用いることができるものだ。

解説

減債基金係数は，一定期間後に一定の金額を貯めるためには，毎年定期的にどの程度の貯蓄を行っていけばいいのかを算出するために用いられる係数である。考え方は年金終価係数の逆である。むろん運用に際しては複利の考え方で計算されている。

$$\text{n 期間継続して支払われる毎期支払額} = \text{n 年後の元利合計} \times \frac{i}{(1+i)^n - 1}$$

たとえば，10年後に2,000万円を貯めるためには，毎年定期的にいくらずつ貯蓄していけばいいだろうか。運用利率は1.0％とする。これを求めるためには，$i = 1.0\%$，$n = 10$（年）の交差する個所に見出される係数（0.0956）を利用すればいい。つまり，毎年191万2,000円（2,000万円×0.0956）ずつ積立貯蓄していけばいいわけだ。

以上はいずれも1年に1回の積立であるが，この減債基金係数では毎月の積立貯蓄の場合にも利用できる。たとえば，月利0.2％（年利2.4％）で30ヵ月後に200万円を貯める計画でいる場合を考えてみよう。

係数は0.0324なので，毎月6万4,800円を貯めればいいことがわかるというわけである。

●減債基金係数表（期末法）●

(i＝利率(%), n＝期間)

n \ i	0.2	0.4	0.6	0.8	1.0	1.2	1.4	1.6	1.8	2.0	2.2	2.4
1	1.0000	1.0000	1.0000	1.0000	1.0000	1.0000	1.0000	1.0000	1.0000	1.0000	1.0000	1.0000
2	0.4995	0.4990	0.4985	0.4980	0.4975	0.4970	0.4965	0.4960	0.4955	0.4950	0.4946	0.4941
3	0.3327	0.3320	0.3313	0.3307	0.3300	0.3294	0.3287	0.3281	0.3274	0.3268	0.3261	0.3255
4	0.2493	0.2485	0.2478	0.2470	0.2463	0.2455	0.2448	0.2441	0.2434	0.2426	0.2419	0.2412
5	0.1992	0.1984	0.1976	0.1968	0.1960	0.1953	0.1945	0.1937	0.1929	0.1922	0.1914	0.1906
6	0.1658	0.1650	0.1642	0.1634	0.1625	0.1617	0.1609	0.1601	0.1593	0.1585	0.1577	0.1569
7	0.1420	0.1412	0.1403	0.1395	0.1386	0.1378	0.1370	0.1361	0.1353	0.1345	0.1337	0.1329
8	0.1241	0.1233	0.1224	0.1215	0.1207	0.1198	0.1190	0.1182	0.1173	0.1165	0.1157	0.1149
9	0.1102	0.1093	0.1085	0.1076	0.1067	0.1059	0.1050	0.1042	0.1033	0.1025	0.1017	0.1009
10	0.0991	0.0982	0.0973	0.0965	0.0956	0.0947	0.0939	0.0930	0.0922	0.0913	0.0905	0.0897
11	0.0900	0.0891	0.0882	0.0873	0.0865	0.0856	0.0847	0.0839	0.0830	0.0822	0.0813	0.0805
12	0.0824	0.0815	0.0806	0.0797	0.0788	0.0780	0.0771	0.0763	0.0754	0.0746	0.0737	0.0729
13	0.0760	0.0751	0.0742	0.0733	0.0724	0.0715	0.0707	0.0698	0.0690	0.0681	0.0673	0.0665
14	0.0705	0.0696	0.0687	0.0678	0.0669	0.0660	0.0652	0.0643	0.0634	0.0626	0.0618	0.0609
15	0.0657	0.0648	0.0639	0.0630	0.0621	0.0612	0.0604	0.0595	0.0587	0.0578	0.0570	0.0562
16	0.0616	0.0606	0.0597	0.0588	0.0579	0.0571	0.0562	0.0553	0.0545	0.0537	0.0528	0.0520
17	0.0579	0.0570	0.0561	0.0551	0.0543	0.0534	0.0525	0.0517	0.0508	0.0500	0.0491	0.0483
18	0.0546	0.0537	0.0528	0.0519	0.0510	0.0501	0.0492	0.0484	0.0475	0.0467	0.0459	0.0451
19	0.0517	0.0508	0.0498	0.0489	0.0481	0.0472	0.0463	0.0455	0.0446	0.0438	0.0430	0.0422
20	0.0491	0.0481	0.0472	0.0463	0.0454	0.0445	0.0437	0.0428	0.0420	0.0412	0.0403	0.0395
21	0.0467	0.0457	0.0448	0.0439	0.0430	0.0422	0.0413	0.0404	0.0396	0.0388	0.0380	0.0372
22	0.0445	0.0436	0.0427	0.0418	0.0409	0.0400	0.0391	0.0383	0.0374	0.0366	0.0358	0.0350
23	0.0425	0.0416	0.0407	0.0398	0.0389	0.0380	0.0372	0.0363	0.0355	0.0347	0.0339	0.0331
24	0.0407	0.0398	0.0389	0.0380	0.0371	0.0362	0.0353	0.0345	0.0337	0.0329	0.0321	0.0313
25	0.0390	0.0381	0.0372	0.0363	0.0354	0.0345	0.0337	0.0328	0.0320	0.0312	0.0304	0.0297
26	0.0375	0.0366	0.0357	0.0348	0.0339	0.0330	0.0322	0.0313	0.0305	0.0297	0.0289	0.0281
27	0.0361	0.0351	0.0342	0.0333	0.0324	0.0316	0.0307	0.0299	0.0291	0.0283	0.0275	0.0268
28	0.0348	0.0338	0.0329	0.0320	0.0311	0.0303	0.0294	0.0286	0.0278	0.0270	0.0262	0.0255
29	0.0335	0.0326	0.0317	0.0308	0.0299	0.0290	0.0282	0.0274	0.0266	0.0258	0.0250	0.0243
30	0.0324	0.0314	0.0305	0.0296	0.0287	0.0279	0.0271	0.0262	0.0254	0.0246	0.0239	0.0231

（注）期末法……毎年期初ではなく期末に積立を行ったとした場合の係数

■ 利回り算式一覧

①期間1年以下の定期預金利息計算

$$利息 = 元金 \times \frac{年利率}{100} \times \frac{n}{12}$$

$$年利率 = 利息 \times \frac{100}{元金} \times \frac{12}{n}$$

　n……期間（月数），3ヵ月定期＝3，6ヵ月定期＝6，1年定期＝12

②自動継続定期預金の元利合計概数計算

$$元利合計 = 元金 \times \left(1 + \frac{年利率}{100} \times \frac{n}{12}\right)^y$$

　n …… 期間（月数），3ヵ月定期＝3，6ヵ月定期＝6，1年定期＝12
　　　　ただし，2年定期の場合を除く
　y …… 複利運用回数，たとえば6ヵ月定期を3年間継続した場合にはy＝6

③期日指定定期の利息計算（1年以上2年未満）

$$利息 = \left(元金 \times \frac{1年定期利率}{100}\right) + \left[\left\{元金 + \left(元金 \times \frac{1年定期利率}{100}\right)\right\} \times \frac{1年定期利率}{100} \times \frac{1年超の日数}{365}\right]$$

④期日指定定期の利息計算（2年以上3年以下）

$$利息 = R + \left\{(元金 + R) \times \frac{2年定期利率}{100}\right\}$$

$$+ \left[元金 + R + \left\{(元金 + R) \times \frac{2年定期利率}{100}\right\}\right]$$

$$\times \frac{2年定期利率}{100} \times \frac{2年超の日数}{365}$$

$$R \cdots\cdots 元金 \times \frac{2年定期利率}{100}$$

⑤年割引率の計算

$$年割引率 = \frac{(額面価額 - 割引価額) \times \dfrac{365}{期日までの日数}}{額面価額} \times 100$$

$$割引価額 = 額面価額 - \left(額面価額 \times \frac{年割引率}{100} \times \frac{期日までの日数}{365}\right)$$

$$期日までの日数 = \frac{額面価額 - 割引価額}{額面価額} \times \frac{100}{年割引率} \times 365$$

⑥年割引率と年利回りの相互変換

$$100 - \frac{年割引率 \times 日数}{365} = 100 \times \frac{100 \times (365 \times 100)}{(年利回り \times 日数) + (365 \times 100)}$$

⑦定期積金の給付補填金計算（月掛けの場合）

$$給付補填金 = 1回の積金$$

$$\times \frac{\left(\dfrac{初回積金の満}{期までの月数} + \dfrac{最終積金の満}{期までの月数}\right) \times 払込み回数}{2} \times \frac{年利率/100}{12}$$

利回り算式一覧

⑧複利式定期積立預金の元利金計算（毎月積立ての場合）

$$\text{元利合計} = 1\text{回の積立額} \times \left[\frac{\{1 + \text{年利率}/(100 \times 12)\}^{\text{積立回数}+1} - 1}{\text{年利率}/(100 \times 12)} - 1 \right]$$

⑨年金型の預託金取り崩し計算（複利，1年ごとの取り崩し）

$$\text{当初必要な預託金} = 1\text{回の取り崩し額} \times \frac{1 - (1 + \text{年利率}/100)^{-\text{取り崩し回数}}}{\text{年利率}/100}$$

⑩利付債の最終利回り↔価格計算

$$\text{利付債の最終利回り} = \frac{\text{クーポン} + (100 - \text{価格})/\text{残存年限}}{\text{価格}} \times 100$$

$$\text{利付債の価格} = \frac{100 + (\text{クーポン} \times \text{残存年限})}{1 + \dfrac{\text{最終利回り} \times \text{残存年限}}{100}}$$

⑪利付債の所有期間利回り計算

$$\text{利付債の所有期間利回り} = \frac{\text{クーポン} + (\text{売却価格} - \text{取得価格})/\text{所有期間}}{\text{取得価格}} \times 100$$

⑫利付債の直利計算

$$\text{利付債の直利} = \frac{\text{クーポン}}{\text{価格}} \times 100$$

⑬ 割引債の最終利回り計算（期間1年以下）

$$最終利回り = \frac{(100-価格) \times \dfrac{365}{残存日数}}{価格} \times 100$$

【注】 ①財務省・日銀方式……残存日数は両端入れ（ただし政府短期証券のみ）
　　　 ②銀行・証券会社方式……残存日数は片端入れ

⑭ 割引債の最終利回り計算（期間1年超）

$$最終利回り = \left\{ \left(\frac{100}{価格}\right)^{\frac{1}{残存年数}} - 1 \right\} \times 100$$

⑮ 利付債の税引き後利回り計算

$$\frac{利付債の}{税引き後利回り} = \frac{クーポン \times (1-税率) + (100-価格)/残存年限}{価格} \times 100$$

⑯ 割引債の税引き後利回り計算（期間1年以下）

$$\frac{割引債の}{税引き後利回り} = \frac{(100-税引き後価格) \times \dfrac{365}{残存日数}}{税引き後価格} \times 100$$

※税引き後価格 = (0.82 × 税引き前価格) + 18

⑰ 割引債の税引き後利回り計算（期間1年超）

$$\frac{割引債の}{税引き後利回り} = \left\{ \left(\frac{100}{税引き後価格}\right)^{\frac{1}{残存年数}} - 1 \right\} \times 100$$

※税引き後価格 = (0.82 × 税引き前価格) + 18

利回り算式一覧

⑱ 株式の配当利回り，総合利回り

$$配当利回り = \frac{1株当たり年配当金}{株価} \times 100$$

$$総合利回り = \frac{\{1株当たり受取配当金合計 + (売却株価 - 買付株価)\} \div 所有年数}{買付株価} \times 100$$

⑲ 不動産の表面利回り，純利回り

$$表面利回り(\%) = \frac{年間賃貸収入}{販売価格} \times 100$$

$$純利回り(\%) = \frac{年間賃貸収入 - 年間諸経費}{販売価格} \times 100$$

⑳ 外貨建て商品の実質運用利回り計算

$$実質運用利回り = \left[\left\{1 + \left(利率 \times \frac{日数}{365}\right)\right\} \times \frac{解約時為替レート}{預入時為替レート} - 1\right] \times \frac{365}{日数} \times 100$$

㉑ 元金均等償還方式の任意の回次の返済額計算

$$任意の回次の要返済額 = \frac{当初借入額}{返済回数} \times \{1 + (返済回数 - 当該回次 + 1) \times 利率/100\}$$

㉒ 元金均等償還方式の支払い利息の合計計算

$$支払い利息の合計 = \frac{当初借入額}{返済回数} \times \left\{\frac{(返済回数 + 1) \times 返済回数}{2}\right\} \times 利率/100$$

㉓元利均等償還方式の毎回次の返済金額の計算

$$\text{毎回次の返済金額} = \text{当初借入額} \times \frac{\text{利率}/100}{1-(1+\text{利率}/100)^{-\text{返済回数}}}$$

㉔元利均等償還方式の支払い利息合計の計算

$$\text{支払い利息の合計} = \left(\text{毎回次の返済金額} \times \text{返済回数}\right) - \text{当初借入額}$$

〈著者略歴〉

角川総一（かどかわ・そういち）

金融データシステム代表取締役。

昭和24年大阪生まれ。京都大学文学部を経て公社債関連業界紙で記者生活を送る。その後昭和60年（株）金融データシステムを設立。わが国初の投資信託関連データベースを管理・運営するかたわら、各種雑誌、新聞、ラジオ、テレビなどで金融、マネー評論、講演を行うほか、FP養成のためのセミナー講師なども務める。

著書に、『誰でも分かる商品先物取引』（ダイヤモンド社）、『外貨・外債でお金を手堅く増やす法』（中経出版）、『図解　資産運用を読む事典』（東洋経済新報社）、『デフレ時代を生きる知恵』（小学館文庫、共著）、『日本経済新聞の歩き方』（ビジネス教育出版社）、『バランスシート思考のすすめ！』（PHP研究所）、『投資スキルアップ講座』（日本経済新聞出版社）、『為替が動くとどうなるか』（明日香出版社）、『角やん流　経済・金融かんたん勉強法』（近代セールス社）他多数。

メールアドレス：caz85310@pop02.odn.ne.jp

オフィシャルサイト：http://www.s-kadokawa.com/

改訂新版
定本・金利計算マニュアル
利回り感覚錬磨のための72章

昭和61年3月19日　初版発行
平成15年6月25日　改訂新版　初版発行（通算18刷）
平成28年9月7日　　　　　10刷発行（通算27刷）

著　　者・角川総一
発　行　者・福地　健
印刷・製本・広研印刷株式会社

　発行所・株式会社　近代セールス社
　　〒164-8640　東京都中野区中央1-13-9
　　電話　(03) 3366-5701（代表）
　　FAX　(03) 3366-2706

ISBN978-4-7650-0834-1　©2003　souichi kadokawa　落丁・乱丁はおとりかえします。
定価はカバーに表示してあります。